Lhasa Apso

1ª Edição

Márcio Infante Vieira
Médico Veterinário

Lhasa Apso

São Paulo - SP
Brasil
1° Edição

PRATA
Editora

Dados Internacionais de Catalogação na Publicação (CIP)
(Câmara Brasileira do Livro, SP, Brasil)

Vieira, Márcio Infante
Lhasa Apso / Márcio Infante Vieira. –
1. ed. – São Paulo: Prata Editora, 2008.

1. Lhasa Apso (Cães) 2. Lhasa Apso
(Cães) – Criação 3. Lhasa Apso (Cães) –
Cuidados I. Título.

08-09418 CDD-636.72

Índices para catálogo sistemático:
1. Lhasa Apso : Cães : Criação 636.72
2. Lhasa Apso : Cães : Zootecnia 636.72

Prata Editora e Distribuidora Ltda.
prataeditora@hotmail.com

Impresso no Brasil/Printed in Brasil

Diagramação e capa: *Edinei Gonçalves*
Foto da capa: *Rock It To You – Macho – Campeão Brasileiro – vencedor de 6 campeonatos europeus – Cuccioli Kennel – São Bernardo do Campo/SP*

O AUTOR

Márcio Infante Vieira é Médico Veterinário graduado pela Universidade Federal Fluminense. É o autor, na área de Pecuária e de animais de estimação, com o maior número de publicações no Brasil.

Foi fundador e 1º Presidente da Associação Fluminense de cunicultura, tendo em sua vasta carreira ocupado cargos como Conselheiro do Alto Conselho Agrícola do Estado de São Paulo, Assistente da Divisão de Medicina Veterinária do Instituto Vital Brazil, membro do Conselho de Agricultura do Estado do Rio de Janeiro, Fiscal da Carteira Agrícola do Banco do Brasil, coordenador técnico do Banco Central do Brasil e Presidente da Associação Brasileira de Criadores de Coelhos.

Com grande experiência em zootecnia, atuou como consultor técnico para diversos criadores, cooperativas e associações de criadores. Especializou-se em pequenos animais para criação comercial, como coelhos, rãs, minhocas, escargots, abelhas, etc. Tornou-se, também, um grande pesquisador na área de animais de estimação, especialmente sobre cães.

SUMÁRIO

Orion – Macho – 25 meses – Cuccioli Kennel – Prop. Thatiana Augusto

Introdução

O Lhasa Apso é um cão que, por todas as suas características, se tornou um dos mais apreciados animais de companhia em todo o mundo. No Brasil, tornou-se uma "febre" nos últimos anos, passando a ser um dos cães mais adotados pelas famílias brasileiras.

É impossível ficarmos indiferentes quando temos contato com um Lhasa Apso pois, com seu jeito calmo e cativante, conquista a atenção e o coração de todos. Não é por acaso que este cão desperta tantos admiradores por onde passa!

A presente obra aborda as origens do Lhasa Apso, suas principais características, os cuidados na aquisição dos filhotes, saúde, treinamento e todos os aspectos que envolvem a criação desse simpático, meigo e doce cãozinho.

O Autor

Naya – Fêmea – 30 meses – Cuccioli Kennel – Prop. Thatiana Augusto

CAPÍTULO 1

O LHASA APSO, SUA ORIGEM E CARACTERÍSTICAS

1.1 Origem

Essa raça era considerada sagrada, sendo já criada pelos monges tibetanos há cerca de 1.000 anos, nas dependências do Palácio de Potala, que era a residência oficial do Dalai Lama. Como ele era considerado um ser sagrado, a venda do Lhasa Apso era expressamente proibida.

Devido a essa importante restrição, que impedia a sua comercialização, somente nos anos 30, do século XX, a raça Lhasa Apso chegou ao Ocidente.

Como o Tibet, seu país de origem, possui condições metereológicas severas, desde o calor mais forte ao frio mais intenso, os cães dessa raça a elas se adaptaram, se tornando resistentes a essas condições ambientais, apresentando, por esse motivo, um grande vigor corporal e uma grande resistência, inclusive às doenças.

É um pequeno cão de companhia, muito conhecido, estimado e valorizado no Tibet, seu país de origem, localizado na Ásia e no qual é conhecido, também, pelos nomes de Lhasa Tibetano, Jóia do Tibet, O Cachorro Leão, Sentinela Que Late e pelo seu nome mais importante, que é o de "Cão Sagrado do Tibet". O Lhasa Apso era, desde aquela época, ofertado normalmente, como um precioso presente que o soberano do Tibet, oferecia a embaixadores de outros países e, também, a pessoas ilustres ou famosas, nacionais ou estrangeiras.

Esse cão extraordinário era muito criado por nobres e sacerdotes, em palácios e templos, por todo o país, por ser um ótimo cão de companhia, de pequeno porte, muito bonito e por ter, também, uma bela pelagem compacta e com os pêlos longos, inclusive os da sua cabeça e da sua cara.

Ele possui uma "cabeleira" comprida, que cobre, não só seus olhos, mas também a sua cabeça e a sua cara e que se prolonga para baixo, indo até à altura do seu peito, além de apresentar, ainda, bigode e barba.

Existe uma antiga lenda afirmando que, receber um Lhasa Apso como um presente, dá sorte para toda a vida da pessoa que o ganhou.

O Lhasa recebeu também o nome de Apso, porque a sua pelagem era parecida com a das cabras que, naquela época, eram criadas pelos monges Tibetanos. A raça Lhasa Apso é o resultado do acasalamento ou melhor, do cruzamento entre cães puros, pertencentes a 2 raças puras, ou seja, a Spaniel Tibetano e a Terrier Tibetano.

1.2 Personalidade e temperamento

O Lhasa Apso é um cão que tem "personalidade", é ativo, alegre, independente, bastante seguro, mas que pode ser, ao mesmo tempo, desconfiado, principalmente com pessoas estranhas.

As principais características do temperamento do Lhasa Apso são as seguintes:

1. calma;
2. resistência;
3. não gosta muito de brincar;
4. pode ser deixado sozinho em casa, não causando nenhum problema como fazer "bagunça", rasgar almofadas, poltronas, sofás, acolchoados, etc., como fazem os cães de muitas outras raças pequenas, médias e grandes;
5. não exige sair de casa para fazer passeio, todos os dias, como fazem os cães de muitas outras raças. É por esse motivo que o Lhasa Apso não fica indócil e não corre para buscar e sua coleira, quando percebe que o seu dono está se preparando para sair de casa, como

ocorre com outros cães, de muitas outras raças;

6. pode ser considerado um dos mais independentes, entre todos os cães;
7. muito sociável e por isso, o Lhasa Apso está sempre disposto a brincar até com estranhos, eventualmente;
8. não é muito ativo, contrariando o que é normal para muitas outras raças.

Uma característica muito importante que o Lhasa Apso possui é que ele, normalmente, nunca rosna para uma pessoa. Quando isso acontece, é considerado como uma falta muito grave por ele cometida e que traduz, provavelmente, um descontrole emocional passageiro.

Geralmente, não são agressivos com as crianças, mas também não gostam de ser muito "agarrados" por elas, mesmo que seja apenas para brincar, podendo até mordê-las, para delas se livrar.

O seu relacionamento com o dono é bastante estreito, cordial e revela, mesmo, muita amizade e amor pois, quando está em sua companhia ele se mostra totalmente descontraído e muito alegre.

Se houver uma reunião de pessoas e o Lhasa Apso estiver no meio delas, procura logo chamar a atenção sobre ele, correndo, pulando e fazendo uma série "de gracinhas", tornando-se assim muito simpático e uma fonte de diversão para todos os que estão nas suas proximidades.

Muitos Lhasas Apsos, não só rosnam, mas chegam também a morder as pessoas que os contrariam ou que tentam retira-los dos lugares nos quais eles gostam de ficar, ou então, por ciúmes, quando alguém chega perto da pessoa de que eles mais gostam, normalmente o seu dono. Outra coisa que irrita o Lhasa Apso e que o faz avançar sobre uma pessoa e até mordê-la, é quando ela tenta chegar perto do seu prato de alimentos ou tenta retira-lo, enquanto ele ainda está comendo.

Outra característica importante, do Lhasa Apso, é que ele late pouco, o que o torna um bom cão para viver em apartamentos, pois não causa problemas com os vizinhos.

Pelo seu temperamento e pelas suas características físicas e psicológicas, o Lhasa Apso pode ser recomendado para crianças que não sejam muito pequenas e também para as pessoas agitadas ou nervosas, porque o seu contato direto e o convívio com esse cãozinho é uma forma bastante eficiente de controle do estresse.

1.3 Principais características

O Lhasa Apso, por suas características, é um dos melhores cães de pequeno porte, para quem trabalha fora, tem compromissos sociais, sai com freqüência para ir a cinemas ou teatros, parques de diversões, etc. e necessite se ausentar de casa, deixando o seu cão de estimação ou de companhia, sozinho no seu lar durante a sua ausência. Isso ocorre por que o Lhasa Apso é um cão que, nessas circunstâncias, se mantêm muito bem comportado.

É por esses motivos, que o Lhasa Apso é um dos cães mais indicados para as pessoas que passam pouco tempo em casa, pois ele aguarda a volta do seu dono, com toda a paciência e sem fazer nenhum estrago ou bagunça como, por exemplo, roer pés de cadeiras ou de outros tipos de móveis, rasgar ou estraçalhar almofadas, poltronas ou sofás, quando eles são acolchoados, etc.

É um cão muito bem comportado e, devido aos seus hábitos e ao seu temperamento, é o cão que menores cuidados ou controle exige do seu proprietário ou das pessoas que com ele convivam.

O Lhasa Apso não gosta muito de se movimentar, de ficar andando e, principalmente, de correr. Ele prefere ficar deitado, de preferência, junto a seu dono, aproveitando a sua companhia e se deliciando com a calma do ambiente, pois esse cão é muito caseiro. Ele não gosta, até mesmo, de dar o seu passeio diário, geralmente levado pelo seu dono, e que é, normalmente, a alegria de todos os outros cães, que chegam até a ir buscar a sua coleira, ficando com ela na boca, na frente do seu dono, para sugerir ou apressar a saída para o seu passeio ou a sua "andança" diária, com o seu dono ou mesmo com outra pessoa, desde que saia de casa, para passear e se divertir.

1.4 Cão de um só dono

Existem cães de muitas raças, que aceitam fazer amizade e que se submetem aos desejos e às ordens de várias pessoas, principalmente quando moram na mesma casa em que eles vivem.

Com o Lhasa Apso, isso praticamente não acontece, porque o cão pertencente a essa raça classificado pelos seus criadores e pelas pessoas que o conhecem bem, como "cão de um dono só", porque ele escolhe uma pessoa que, por vários motivos, mereça a sua preferência e a "elege" como seu "único dono", embora muitas vezes o seu dono seja realmente outra pessoa.

Porém, quando se trata de um filhote que foi comprado, recebido como um presente ou às vezes encontrado e "adotado", quando chega ao seu novo lar, ele leva até 1 um mês para escolher e aceitar uma pessoa, seja ela homem, mulher ou criança, como o seu verdadeiro dono para toda a sua vida. É preciso, porém, que ela lhe inspire confiança e carinho, o que o faz ficar alegre e feliz, todas as vezes que a encontra.

Tão logo o cão escolha alguém para ser realmente o seu dono, no sentido amplo desta palavra, essa pessoa também passa a ser o seu amigo e, realmente, a pessoa mais importante, para esse simpático animal, durante toda a sua vida.

Além disso, quando existe uma boa amizade entre eles, todas as vezes que o cão vê, mesmo que a distância, ou encontra o seu dono, fica feliz e o demonstra ficando alvoroçado, abanando a cauda, pulando e correndo de um lado para outro, inclusive sobre o seu dono ou outra pessoa de quem goste. Essa é a sua maneira de demonstrar satisfação e alegria, bem como os seus bons e fortes sentimentos de amizade.

No entanto, para que tudo isso ocorra, é necessário que o dono trate muito bem do seu cão, cuide dele com todo o cuidado e o faça tomar banho com a freqüência aconselhável.Além disso, e o que é da máxima importância, deve proporcionar ao seu cão uma alimentação sadia da qual ele goste, completa e bem balanceada, para que o cão se mantenha sempre saudável, forte e livre de problemas alimentares e em conseqüência também de saúde.

1.5 Territorial ou caseiro

O território do Lhasa Apso é a casa em que vive, seja ela na cidade, em uma chácara, em um sítio ou em uma fazenda, o que pouca ou nenhuma diferença faz, porque ele se mantém, na prática, somente dentro de casa.

Quando o Lhasa Apso está dentro do seu território, ou seja, da sua moradia, ele mantém a sua calma, não faz barulho e nem confusões, permanecendo silencioso, fazendo até que as pessoas esqueçam da sua presença no mesmo local.

1.6 Viagem

O Lhasa Apso não gosta de viajar e só o faz porque é obrigado, levado pelos seus donos ou por outras pessoas. Ele, no entanto, pode ser acostumado a isso, desde que as suas viagens se tornem freqüentes.

Geralmente ele viaja bem e sem nenhum problema, se já estiver acostumado desde pequeno. Quando chega ao seu destino, um lugar desconhecido, ele o estranha mas depois vai se acostumando.

Durante toda a viagem, ele se comporta muito bem e fica quieto. O Lhasa Apso só fica indócil ou nervoso, quando está com vontade de urinar. Quando o seu dono perceber que ele está indócil, é só parar o carro, fazê-lo descer chegar perto de uma árvore, de uma parede ou de um muro, para que ele se aproxime de um deles, levante uma de suas pernas traseiras e urine livremente. Depois, é só colocá-lo novamente no carro e seguir a viagem.

1.7 No colo

Ficar no colo, o Lhasa Apso só aceita se for dos seus donos, ou de pessoas com as quais esteja acostumado.

Ele não aceita e "protesta", quando o querem manter nos braços de pessoas estranhas ou com as quais ele não tenha contato ou até mesmo que nem conheça.

Quando chega ao seu destino, um lugar desconhecido, ele o estranha mas, depois, vai se acostumando.

1.8 Os Lhasas Apsos e os gatos

Devido ao seu temperamento e às suas tendências sociais, esses cães não são tão ferrenhos inimigos dos gatos, como os cães de muitas outras raças, que consideram os gatos, não só como seus inimigos, mas também, como suas presas ou caças, chegando mesmo a devorá-los, após conseguir caçá-los.

Os Lhasas Apsos, ao contrário, fazem amizade com os gatos com facilidade, principalmente quando crescem juntos.

Dayla – Fêmea – 3 meses – Jovem Campeã – Cuccioli Kennel

Candyman – Macho – 3 meses – Cuccioli Kennel

Capítulo 2

Padrão oficial do Lhasa Apso

O padrão oficial do cão Lhasa Apso, segundo a Confederação Brasileira de Cinofilia, é o seguinte:

APARÊNCIA GERAL
Bem balanceado, robusto com pelagem abundante.
COMPORTAMENTO / TEMPERAMENTO
Alegre e seguro de si. Alerta, estável, mas desconfiado com estranhos.
CABEÇA
Pesada, guarnecida por pêlos com boa queda sobre os olhos; bons bigodes e barba.
CRÂNIO
Moderadamente estreito, caindo atrás dos olhos, não totalmente plano, mas também, não abobadado ou em forma de maçã.
REGIÃO FACIAL
Trufa
Preta.
Focinho
Com aproximadamente 4 cm, mas não quadrado; seu comprimento, a partir da ponta da trufa, corresponde a 1/3 do comprimento total da trufa até à parte posterior do crânio.

Testa
Reta.
Maxilares / Dentes
Mordedura em tesoura invertida. Incisivos em uma linha tão larga e reta quanto possível. A dentição completa é desejada.
Olhos
Escuros. De tamanho médio, inserção frontal, ovais, nem grandes, nem cheios, nem pequenos, nem profundos. Nenhum branco visível.
Orelhas
Pendentes e com franjas abundantes.
PESCOÇO
Forte e bem arqueado.
TRONCO
O comprimento da ponta do ombro até à nádega, é maior do que a altura na cernelha. O dorso é nivelado, o lombo, forte e o peito apresenta boa caixa torácica.
CAUDA
Inserida alta, portada bem acima do dorso mas não como um gancho. Freqüentemente com um nó na ponta. Bem franjada.
MEMBROS
Anteriores
Retos, bem guarnecidos por pêlos.
Ombros
Bem colocados para trás.
Posteriores
Bem desenvolvidos e com bons músculos. Boa angulação. Bem guarnecidos por pêlos.
Jarretes
Vistos por trás, são paralelos e não muito próximos um do outro.

Patas
Redondas, como as de gato, com almofadas firmes. Bem franjadas.
MOVIMENTAÇÃO
Livre e viva.
PELAGEM
Pêlos
Pelagem externa longa, reta, pesada, áspera. Nem lanosa, nem sedosa. Subpêlo moderado.
Cores
Dourado, areia, mel, cinza escuro, ardósia, de fumaça, particolor, preto, branco ou marrom. Todas são igualmente aceitáveis.
TAMANHO
Altura ideal na cernelha: 25, 4 cm para os machos; fêmeas ligeiramente menores. O American Kennel Club, entretanto, considera dentro dos padrões da raça animais com altura de 25,4cm a 28cm.
PESO IDEAL
Nenhum padrão oficial estabelece o peso ideal para o Lhasa Apso.
MORDEDURA
A que pode, realmente, ser considerada normal ou correta, segundo o padrão da Federação Cinológica Internacional, é a mordedura ligeiramente prognata e que é também, a adotada pela grande maioria dos criadores de cães do Brasil. Nesse tipo de mordedura, os dentes incisivos da frente, da arcada inferior se articulam posicionando-se um pouco à frente, e a uma distância de até 0,5 cm, dos dentes da frente da arcada superior.

O American Kennel Club aceita também, em seu padrão, a mordedura em torquês. Neste tipo porém, não existe uma sobreposição de arcadas, pois elas se fecham e se articulam bem ajustadas, tendo os dentes da frente da arcada inferior se articulando, ou melhor se encostando com as extremidades, nos dentes da frente da arcada superior.

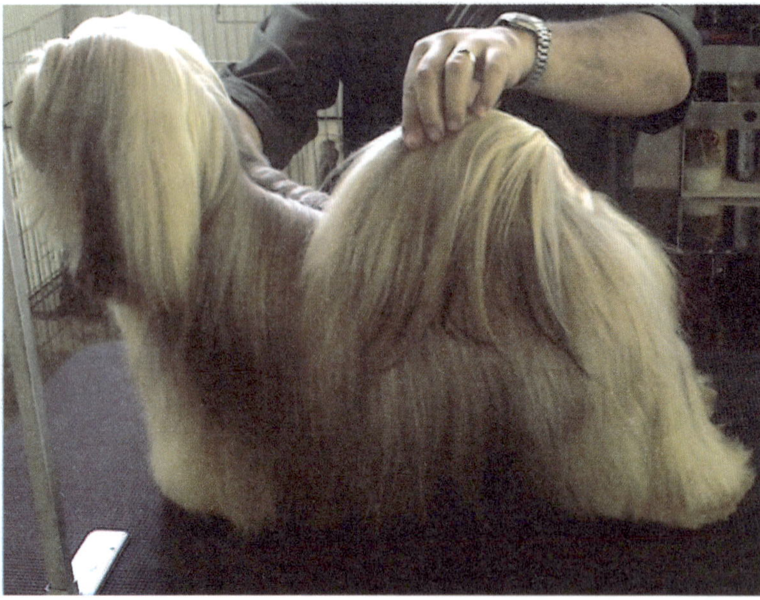

You Make me Feel (Mike) – Macho – Campeão Brasileiro – Campeão Pan-Americano – Cuccioli Kennel – São Bernardo do Campo/SP

Orion – Macho – 20 meses – Cuccioli Kennel – Prop. Thatiana Augusto

Capítulo 3

O Lhasa Apso e o Homem

O Lhasa Apso é um cão doméstico sendo, basicamente, totalmente dependente do homem, mas o seu comportamento e as suas reações são basicamente instintivas e, por isso, devemos compreender alguns comportamentos e determinadas atitudes do cão, evitando castigá-lo por um ato que, para ele é normal e, às vezes, até mesmo essencial. Neste caso, uma punição o deixaria frustrado, porque ele não compreenderia o castigo, por achar que nada fez de errado.

Devemos, ainda, permitir que ele tenha o maior contato com outros cães mantendo, assim, um relacionamento normal com os animais da sua espécie, devido aos estímulos provocados por esses encontros.

Como o cão necessita de muita companhia e não pode ou não gosta de ficar sozinho por muito tempo, quando isso acontece ele, para se divertir ou mesmo, como um sinal de "protesto", para demonstrar que não gostou de ficar abandonado, começa a pegar tudo o que encontra, como sapatos, tapetinhos, almofadas, etc., ou até mesmo poltronas e sofás, para se distrair e os acaba estragando e até destruindo, de propósito, como uma "vingança" contra quem o deixou. Quanto mais apegado ao seu dono ou às pessoas com as quais convive, maior é a falta que o cão sente da sua companhia.

O Lhasa Apso é um cão bastante calmo e sossegado, embora goste de algumas brincadeiras e até mesmo, de andar e também, de correr, desde que seja por pouco tempo e pequenas distâncias.

Ele não demonstra vontade de sair e nem fica alegre, como os cães de outras raças, que ficam indóceis, mesmo, quando percebem que o seu dono ou outra pessoa está se preparando para sair, pois ele espera que também vá passear. Quando ele sai, basta porém, andar uns 2 ou 3 quarteirões para que fique "louco" para voltar para casa.

Os cães da raça Lhasa Apso não gostam de obedecer ordens diretas e incisivas como "senta", "levanta", "aqui", etc. Não atendem, às vezes, porque não gostam que os fiquem chamando e, por esse motivo, fingem que não escutam, bancando os "surdos" ou então fingem que os chamados não são para eles.

Os Lhasas Apsos são cães que não se situam entre os cães de raças, que obedecem ordens e chamados mais rapidamente. Eles, porém, são "bastante civilizados", aprendendo, com a maior facilidade, as regras de comportamento exigidas para que vivam dentro da casa dos seus donos como, por exemplo, não subir sobre os móveis, principalmente cadeiras, poltronas e sofás; ficar nas mesas, mexendo nos objetos existentes sobre elas e principalmente, não mexendo e não lambendo ou comendo alimentos que, por acaso, encontrem sobre elas, não roer objeto, etc.

3.1 Destruição

Quando são ainda filhotes, pequenos ou mesmo jovens, os Lhasas Apsos podem, até mesmo cometer algumas "façanhas" nada aconselháveis ou admissíveis como, por exemplo, quebrar, rasgar ou mesmo, destruir os mais variados objetos por eles encontrados pelo caminho, e que são normalmente, jogados pelo chão, como por exemplo, o que é muito comum, brinquedos de crianças, com os quais esses cães convivem. Os cães da raça Lhasa Apso, no entanto, são considerados "comportados" desde pequenos, pois é difícil encontrar um deles, já adulto, que cause prejuízos, por menores que sejam, por haverem danificado ou destruído objetos que ficam a seu alcance. Quando, porém, eles atingem a idade ou fase adulta, esses cães, normalmente, e como uma boa característica da sua raça, não possuem esse mau hábito de estragar ou de destruir os objetos que encontram, como fazem os cães de muitas outras raças.

Mesmo alguns Lhasas Apsos que possam "sair do sério", cometendo esses erros, podem ser advertidos pelo seu dono e depois educados para que não mais o façam. Podem, facilmente, assimilar esses ensinamentos, não mais cometendo esses mesmos erros.

3.2 Inteligência

O Lhasa Apso não é considerado como um cão de um elevado grau de inteligência, ou melhor, que possua um QI elevado mas, também, não é tido como um cão pouco inteligente.

Por esse motivo, ele pode não tomar muitas iniciativas que revelem uma boa capacidade mental, para aprender sozinho, muitas coisas relacionadas ao seu dono ou à casa em que vive. Entretanto, muitas vezes, ele é capaz de surpreender seu dono ou as pessoas da família, com certas provas de inteligência, como abanar a cauda toda vez que alguém se direcione ao armário onde sua ração é guardada ou, até mesmo, mostrar onde está guardado certo brinquedo, com o qual queira brincar naquele momento.

3.3 Os Lhasas Apsos e as crianças

Os cães Lhasas Apsos não são muito indicados para as casas nas quais morem crianças, principalmente muito pequenas, com menos de 8 ou 10 anos de idade, porque esses cães não gostam de confusões, barulheiras ou bagunças, que normalmente ocorrem "patrocinadas" pelas crianças de todas as idades, principalmente quando são muito alegres, brincalhonas ou "levadas".

O temperamento dos Lhasas Apsos, realmente, não combina com essas situações e, quando elas se apresentam eles, em geral, se afastam, porque são animais, às vezes, até mesmo "sisudos" que não gostam de muita brincadeira ou de confusões, principalmente do estilo das feitas pelas crianças.

Quando isso acontece, o Lhasa Apso procura logo ficar longe desse ambiente, afastando-se dele, para locais mais calmos e menos barulhentos.

Caso, porém, as crianças, para se divertirem, comecem uma gritaria ou a fazer movimentos descontrolados e bruscos, em direção a ele, o cão pode começar a rosnar e até avançar em direção a elas chegando mesmo, a atacá-las e a mordê-las.

Por esse motivo, mesmo criadores, muitas vezes, não aconselham cães Lhasas Apsos para lares nos quais vivem crianças muito pequenas.

3.4 Os Lhasas Apsos e as visitas

Esses cães, geralmente, recebem as visitas ou pessoas desconhecidas para eles, com certa indiferença. Sua atitude seguinte, vai variar e muito, de acordo com o comportamento que os estranhos mantiverem em relação a eles.

Eles só se aproximam das visitas se elas procurarem agradá-los, chamando-os com toda a simpatia e de modo carinhoso. Quando essas atitudes os agradam, eles começam a abanar a cauda e a dar uns pulinhos de alegria.

Caso eles já conheçam essas visitas, por freqüentarem a sua casa, eles ficam mais sociáveis, tratando-as mais gentilmente, e até se tornando afáveis.

CAPÍTULO 4

COMO É SER DONO DE UM LHASA APSO

O Lhasa Apso, apesar de ser muito comparado às outras raças de cãezinhos pequenos e peludos, apresenta um diferencial importante, que é o seu temperamento único. É um cão alegre, que faz "palhaçadas", é fiel ao seu dono mas, ao mesmo tempo, bastante independente. Devido à característica bastante expressiva de sua cara, quando nos habituamos ao convívio com esse cachorrinho, acabamos vendo expressões "quase humanas" nesses cães.

Ao contrário da maioria das raças, as características de temperamento de um exemplar para outro acabam variando bastante, dentro de uma linha central de comportamento e temperamento. Mesmo assim, podemos dizer que a individualidade de cada animal dessa raça se faz notar com facilidade e, da mesma forma que os seres humanos, é provável que não encontremos dois cães desta raça com características idênticas de comportamento e temperamento.

Conviver com um cão com essas características, entre outras, torna o convívio com o Lhasa um experiência única, mesmo para as pessoas que já tenham possuídos vários outros cães, de outras raças, e estejam habituados a conviver com esses animais.

4.1 O que esperar do cãozinho

O Lhasa Apso é um cão que não irá, necessariamente, viver para agradar o seu dono. Como em uma relação de amizade entre duas pessoas, o Lhasa irá agir de maneira amigável com seu dono e os membros de sua família, com quem conviverá regularmente, mas suas atitudes dependerão muito de suas próprias vontades, pois essa não é considerada uma raça de cães obedientes. Eles são animais com uma inteligência bastante desenvolvida, se comparada à da maioria das raças e são capazes de racionalizar suas decisões, ou seja, não agem sempre por instinto. Por essa razão, suas atitudes e temperamento não podem ser totalmente padronizados, como acontece com os cães da maioria das raças.

Dessa forma, ao adquirirmos um cão da raça Lhasa Apso devemos compreender que suas atitudes nem sempre serão as que esperamos, ou seja, não podemos contar com um animal totalmente obediente, mas sim com um amigo e companheiro que, da mesma forma que um amigo humano, terá suas vontades próprias e nem sempre nos acompanhará em todas as situações. Entretanto, ao contrário de um amigo humano, o amor que esse animalzinho nos oferecerá será o mais puro e desinteressado, um amor e um companheirismo que nos trará muitas alegrias, por muitos e muitos anos.

Devido ao seu alto grau de individualidade, devemos nos lembrar sempre, de que é muito importante nos colocarmos como o "líder da matilha" pois, caso contrário, o Lhasa tomará para si essa posição dentro da casa, levando todos com quem conviva a realizar seus "desejos", sempre que quiser.

Para que isso não aconteça, é importante que o proprietário ou alguma pessoa da casa tome a liderança frente ao cão, mostrando "quem manda", para que ele se enquadre na rotina da casa e respeite a todos. Podemos comparar a necessidade de impor a liderança ao cãozinho, com o que acontece com crianças pequenas que, da mesma forma que os Lhasas, precisam ser "colocadas em seus lugares", para que não tentem assumir o controle da rotina da casa de seus pais.

Por essas características de temperamento e individualidade, o processo de socialização do cão pode ser comprometido, se o mesmo for inserido em uma nova casa, quando já for adulto. Desta forma, podemos dizer que, para que possamos ter uma boa convivência com o nosso novo amigo, é importante que este seja trazido para casa com a menor idade possível pois, quanto mais velho for o animal, menor será o índice de sucesso que poderemos obter na socialização do cão com sua nova família.

4.2 O que devemos oferecer a ele

Como em qualquer relação de amizade e companheirismo, o respeito pelo animal é um fator imprescindível para que o cão e seu dono tenham uma vida cheia de alegrias. Devemos oferecer ao Lhasa Apso todas as condições necessárias para que tenha uma vida saudável e alegre, da mesma forma que o faríamos com um filho ou uma pessoa que viesse morar conosco.

Basicamente, além do amor e do carinho indispensáveis para uma vida saudável, devemos proporcionar ao cãozinho uma alimentação adequada, levá-lo regularmente a um Pet Shop, para que tome banho e receba a tosa e, ainda, devemos manter seus pêlos sempre escovados.

Os cães da raça Lhasa Apso não requerem, diferentemente de cães de outras raças, muito tempo destinado a exercícios físicos, seja para manter o seu preparo físico, seja para "extravasar" energia. Desta forma, o recomendado é que se leve o cãozinho para caminhar por uns 15 a 20 minutos, 2 ou 3 vezes por semana.

4.3 A chegada do Lhasa Apso em casa

Logo após a chegada do Lhasa em nossa casa, devemos levá-lo para "reconhecer o terreno", isto é, levar o cãozinho para cheirar todas as partes da casa e, especialmente, deixá-lo por alguns minutos (cerca de 20 minutos) no local que será destinado como seu "banheiro".

Se houver crianças pequenas na casa, estas deverão ser "apresentadas" ao Lhasa, com certo cuidado, pois os cães dessa raça, como os de outras raças pequenas, costumam ser meio "desconfiados", em relações às crianças. As crianças, por terem um cheiro diferente dos adultos e por agirem de maneira imprevisível e, muitas vezes, brusca, confundem esses cães, que acabem ficando sem saber qual o papel das crianças no contexto familiar, ou seja, na "matilha" em que o Lhasa passou a viver.

Devemos providenciar todos os acessório necessários para a chegada do Lhasa como, por exemplo, potes para água e comida, brinquedos para cães, como bolas, mordedores, etc. e, principalmente, não devemos nos esquecer de comprar e manter, sempre, um estoque razoável de ração e "guloseimas".

4.4 A rotina da casa com um Lhasa Apso

A rotina de todas as casas, quando adquirimos um cão, é subitamente alterada. Essas mudanças, entretanto, podem variar bastante, de acordo com as características da raça e do temperamento individual de cada cão. Desta forma, ao adquirirmos um Lhasa Apso, devemos saber que a rotina da casa será significativamente alterada, durante todo o período de vida do animal.

Podemos dizer que algumas mudanças são mais perceptíveis do que outras como, por exemplo, o tempo gasto pelo dono ou outra pessoa da casa, brincando ou prestando atenção às "palhaçadas" que o Lhasa costuma fazer.

É importante ressaltar que os cães dessa raça não possuem o hábito ou o instinto de latir por qualquer motivo, ou a qualquer hora. São cães conhecidos mais pela sua capacidade de "ouvir" do que de "falar", através do latido. Normalmente, só latem por motivos que podemos considerar como razoáveis, não latindo, por exemplo, quando escutam o som de latidos de outros cães na vizinhança, aumentando ainda mais o "coro" canino.

Por ser um cão de natureza independente, o Lhasa, ao contrário da maioria dos cães, pode ser deixado sozinho em casa, quando seus donos saírem para trabalhar ou passear. Por esse motivo, neste ponto, a rotina dos donos da casa acaba não se alterando, pois os horários de saída podem ser respeitados, normalmente, sem que haja a preocupação de aonde deixar o cãozinho. Poucos são os cães dessa raça que sofrem de ansiedade pela separação do dono ou por se sentirem solitários. Existem, entretanto, algumas dicas importantes para as pessoas que forem deixar seu Lhasa em casa, durante todo o dia. Entre elas temos:

- agir como se o momento da saída não fosse nada de importante.

Não fazer grandes "despedidas", como abraçar, beijar, "chacoalhar" o cãozinho e, depois, colocá-lo no chão e sair;

- deixar vários brinquedos ou objetos variados, ao alcance do cão, para que ele possa se distrair durante o dia, quando tiver vontade. É impressionante a criatividade dos cães dessa raça, para brincar sozinhos, com os mais diferentes objetos;
- deixar o cão em um lugar seguro, do qual ele não possa fugir e que não tenha acesso a nenhum objeto perigoso;
- no momento do retorno para casa, também não deve ser dada grande importância a chegada em casa.

4.5 Como será acompanhar toda a vida desse nosso amigo

Em primeiro lugar, devemos nos lembrar que um cão dessa raça vive, em média, de 12 a 15 anos, em muitos casos atingem os 17 ou 18 anos e há casos de Lhasas que viveram mais de 20.

Este fato, ou seja, o tempo de vida que esperamos poder compartilhar com nosso amiguinho é limitado e, a não ser por uma fatalidade, nós iremos sofrer com a perda do cão. É muito importante levar em consideração esse fato antes de decidir adquirir um Lhasa, pois o sofrimento costuma ser grande, especialmente se houver crianças na casa, que sempre tenham tido a companhia e a amizade do cãozinho que partiu.

Da mesma forma que um ser humano, o Lhasa ou qualquer outro cão, enfrenta o processo de envelhecimento e sofre com os efeitos da idade, tornando-se cada vez menos ativo. Desta forma, devemos ter em mente que a vitalidade e alegria dos filhotes acabam com o passar do tempo, dando lugar a um cão mais quieto, parado. Esse é o ciclo da vida, pelo qual todos nós passamos e, no caso de um cãozinho, será nossa responsabilidade cuidar para que sua vida seja a melhor possível, em todas as suas fases, desde filhote até o fim.

Por se tratar de um cão mais "quieto", que não late muito e que não tem o hábito de fazer muita "bagunça" na casa, depois de devidamente ensinado, quando o Lhasa atinge uma fase de sua vida que já pode ser considerado um cão idoso, não sentimos tantas mudanças em seu comportamento, quanto seria de se esperar em cães de raças mais ativas e "barulhentas". Desta forma, apesar de vermos e sentirmos muitos sinais da idade no cãozinho, estes sinais podem não ser tão evidentes, como em cães de muitas outras raças.

4.6 A velhice

Os cães "velhos", a partir de 11 ou 12 anos de idade, vão perdendo a vitalidade e a resistência, ficam "moles", sem ânimo e passam a dormir durante mais tempo, não só à noite, mas também durante o dia. Vão modificando os seus hábitos alimentares, muitas vezes desprezando os alimentos de sua preferência e os trocando por outros bem diferentes. Se o cão está acostumado a comer, basicamente, ração seca industrializada, é a hora de passar a fornecer a ração para cães idosos, cuja composição é apropriada para esta fase da vida.

A velhice, em geral, pode provocar diversas alterações no comportamento e na aparência desses animais, entre as quais temos:

1. embranquecimento dos pêlos;
2. olhar mortiço e olhos esbranquiçados, às vezes, uma catarata;
3. comportamentos repetitivos, como latir sem parar e sem nenhuma razão aparente para isso (o que é mais "estranho" ainda, quando se trata de um cão da raça Lhasa Apso). O seu latido costuma ser lento, rouco e monótono, sendo para eles uma forma de chamar a atenção, pois eles passam a se sentir mais carentes. O seu dono, quando notar esse estado de espírito, deve falar com o cão, acariciá-lo, elogiá-lo, fazê-lo parar de latir e até dar-lhe uma guloseima;
4. Ele se conserva em uma posição defensiva, como a de proteger o que é seu, como o seu ninho, sua cama ou local em que vive, seu comedouro ou prato, seus alimentos, etc.;
5. Como muitos seres humanos, quando estão na velhice, os cães

idosos também podem sentir mais frio do que o normal, se compararmos com o que sentiam quando eram jovens. Desta forma, principalmente quando forem dormir, devem poder contar com cobertores quentinhos e, em dias e noites mais frias, com uma bolsa de água quente, para aquecer o seu "ninho".

4.7 Comparação da idade dos cães com a dos seres humanos

É muito comum ouvirmos comentários de pessoas que dizem que 1 ano de vida de um cão equivale a sete anos de vida de um homem. Essa informação não é correta, porque existem coeficientes especiais para fazer o cálculo comparativo entre as idades do cão e do homem. Esse coeficiente leva em consideração alguns fatores, como a expectativa média de vida de um ser humano e a raça canina. Além disso, o fator de correspondência varia de acordo com a idade do cão. De uma maneira geral, podemos apresentar a seguinte tabela de correspondências:

Idade do Cão	Idade do Homem	Idade do Cão	Idade do Homem
02 meses	14 meses	10 anos	56 anos
06 meses	05 anos	11 anos	60 anos
08 meses	09 anos	12 anos	64 anos
01 ano	15 anos	13 anos	68 anos
02 anos	24 anos	14 anos	72 anos
03 anos	28 anos	15 anos	76 anos
04 anos	32 anos	16 anos	80 anos
05 anos	36 anos	17 anos	84 anos
06 anos	40 anos	18 anos	88 anos
07 anos	44 anos	19 anos	92 anos
08 anos	48 anos	20 anos	96 anos
09 anos	52 anos		

Brian – Macho – 4 meses – Cuccioli Kennel – Prop. Thatiana Augusto

Nakin Thor – Macho – Cuccioli Kennel – São Bernardo do Campo/SP

Capítulo 5

Escolha e aquisição do filhote

Quando alguém resolve possuir um cão, deve levar em consideração, uma série de fatores entre os quais:

1. os cães são animais e não objetos ou máquinas e que, por esses motivos, são sensíveis às dores, aos maus tratos e, principalmente, ao desprezo e ao abandono;
2. eles possuem sentimentos como os de afeto, carinho, alegria, tristeza, amor, ódio, raiva etc.;
3. que eles sentem e sofrem, como os humanos e que, por esse motivo, não devem ser maltratados;
4. quando uma pessoa resolve ter um cão, deve-se lembrar de que terá de mantê-lo mais de 10 anos tratando-o, sempre, com todo o cuidado e carinho.

Além disso, deve-se lembrar, também, de que nunca, mas nunca, mesmo, poderá solta-lo, abandonando-o pelas ruas, pois o estará submetendo a muitos sofrimentos, porque ele ficará sem um abrigo e também passará fome. Cães abandonados passam por grandes sofrimentos psicológicos, como se fossem crianças bem pequenas. Podem ser atropelados ou sofrer nas mãos de pessoas de má índole, comer restos de comidas estragadas e adoecer com facilidade. O abandono de animais, além de ser crime, é um ato de extrema maldade com o animalzinho.

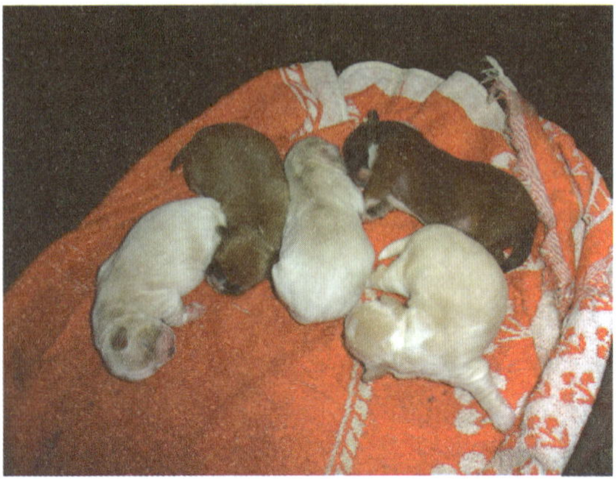

Ninhada com 5 dias

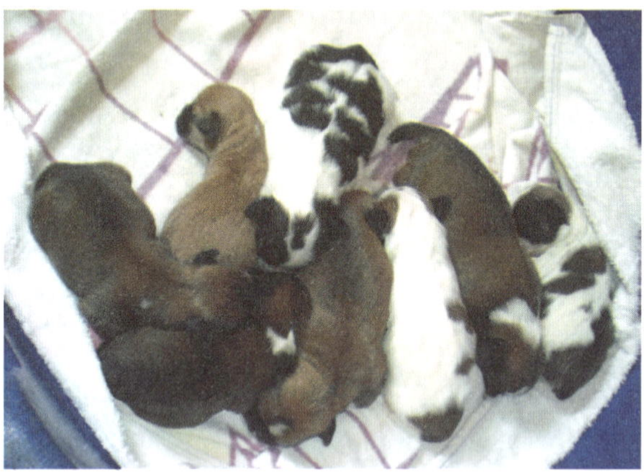

Ninhada com 7 dias

Ninhada com 9 dias

Os cães possuem, também, sentimentos puros, entre os quais e maiores, estão os de amizade e de lealdade a seus donos e uma boa convivência com os seus familiares.

Para não tratar bem os cães, como eles merecem, o melhor é não possuir nenhum desses animais.

É muito importante, também, lembrar que os cães, por mais mansos e amigos que possam demonstrar ser, pelas suas atitudes, inclusive afetivas, qualquer que seja a sua raça, não deixam de ser animais e que, por esse motivo, continuam sendo orientados pelo seu instinto animal, herdado de seus antepassados ou ancestrais pré-históricos.

Por esses motivos, antes de adquirir um cão, devemos nos lembrar de que teremos de conviver com ele durante muitos anos, mantendo um relacionamento cordial e de muita amizade, o que só é possível se gostarmos muito desses animais.

Devemos nos lembrar de que os cães possuem seus hábitos, seus instintos e suas atitudes de animais, o que deve ser respeitado, pois fazem parte do seu modo de ser.

Precisamos ainda, não nos esquecermos de que os cães são animais inteligentes e que, quando selvagens, viviam em matilhas. Além disso, eles lutavam para serem os chefes da sua matilha ou do seu bando.

Quando começaram a viver com os humanos, eles passaram, também, a considerar as pessoas com as quais conviviam, como os seus líderes absolutos. Por esse motivo, devemos demonstrar ao cão, que realmente, o líder somos nós pois, se não o fizermos, o líder será realmente ele, que imporá a sua vontade a todos ao seu redor, passando a ser o dono da casa, cuja vida e movimentação girará em torno dele.

Nós mesmos podemos escolher o cão que desejamos, neste caso, o Lhasa Apso. Quando, no entanto, não conhecemos bem, especialmente as características das raças, o melhor é nos aconselharmos com uma pessoa experiente no assunto, para que possamos adquirir um bom animal.

Para adquirirmos um cão, devemos levar em consideração uma série de fatores, entre os quais: idade (filhote, jovem ou adulto); tamanho (padrão da raça); sexo; temperamento; personalidade; função (companhia, guarda, trabalho, reprodução ou para exposições) e preço de custo.

5.1 Aquisição e garantias

Quando compramos um cão, para nos garantirmos, evitando algum problema técnico ou legal, devemos exigir do vendedor:

1. um **recibo** ou documento de compra e venda, inclusive com o valor da transação;
2. a **tarjeta**, que é um certificado de registro emitido por uma entidade oficial filiada à Associação Cinológica Brasileira;
3. o **pedigree**, também emitido por uma entidade cinológica oficial, filiada à FCI (Federacion Cinologique Internacionale). Quando se tratar de um pedigree estrangeiro, o melhor é consultar um Kennel Club, para confirmar a sua validade;
4. **atestado de saúde**;
5. **carteira de vacinação,** inclusive contra a raiva.

5.2 Puro ou mestiço

Quando desejamos um cão somente como animal de estimação e não para a reprodução ou para apresentar em exposições, as exigências em relação às suas características podem ser menores, permitindo uma boa economia na sua compra, porque bons reprodutores ou animais de alto nível zootécnico são muito caros. É necessário, no entanto, levar em consideração alguns fatores, como verificaremos a seguir.

É preferível adquirirmos um Lhasa Apso puro, de preferência com pedigree a um mestiço, por uma série de razões, entre as quais: o temperamento do cão puro é conhecido, mas imprevisível nos mestiços; não sendo conhecida a raça ou a ascendência do cão que cruzou com o Lhasa Apso puro, para produzir o mestiço, não poderemos prever de que tamanho ficará o filhote, quando adulto, etc.

5.3 Fêmea ou macho

Normalmente, quando vamos decidir de que sexo adquirir um cão de companhia, devemos considerar alguns fatores, entre os quais, os que veremos a seguir.

5.3.1 Fêmeas

Normalmente, é mais calma, mais meiga, atenciosa, dócil e mais carinhosa. Gosta mais de brincar, parece ser mais apegada ao dono e ser dele mais dependente. Segundo alguns autores, ela também é mais atenta ao ensino e ao treinamento, do que o macho.

A cadela, no entanto, entra em cio de seis em seis meses, o que é inconveniente porque, nessa época, ela tem o sangramento, podendo sujar tapetes, poltronas, camas, etc. Isso, no entanto, pode ser evitado se forem tomadas providências como, por exemplo, colocar-lhe uma fralda especial. Além disso, quando está no cio, ela exala um "cheiro" típico, para atrair os machos para o acasalamento. Por esses motivos, quando o objetivo é ter um cão somente para companhia, geralmente é adquirido um macho.

Quando, porém, a pessoa deseja ter um filhote do animal que está adquirindo ou iniciar uma criação, o melhor é escolher uma boa fêmea, porque será muito fácil conseguir um excelente macho para acasalá-la, pagando para isso, uma taxa de cobertura ou cedendo ao dono do reprodutor um filhote por ele escolhido, na ninhada.

A fêmea leva uma desvantagem quando termina o cio ou quando desmama uma ninhada, porque não apresenta mais as suas boas condições físicas de antes, só as readquirindo depois de algum tempo, de muito trato e uma boa alimentação.

Naturalmente, quando a cadela está no cio, deve ser "presa", ficando isolada, para evitar que algum macho dela se aproxime e faça o acasalamento. Por esse motivo, se não houver possibilidade de serem tomados esses cuidados, o melhor é não adquirir uma fêmea, evitando assim, os acasalamentos indesejáveis e que, muitas vezes, trazem sérios problemas para o dono da cadela.

Outro inconveniente de uma fêmea no cio, é: não pode entrar em exposições e competir porque, com o cheiro típico que exala nessa época, atrai e excita todos os machos presentes, perturbando os trabalhos e o andamento da exposição, embora o seu comportamento seja o mais normal possível.

5.3.2 Machos

São normalmente maiores, mais fortes, mais musculosos, mais dominadores e menos delicados, meigos e carinhos do que as fêmeas.

Quanto ao trabalho, não há muita diferença entre fêmeas e machos pois, como exemplos, podemos mencionar que, tanto um macho quanto uma fêmea podem ser ótimas companhias, excelentes guardas, bons cães de caça, eficientes boiadeiros, etc., dependendo da sua raça.

Os Lhasas Apsos não fogem a essa regra pois, tanto os machos quanto as fêmeas podem ser excelentes cães de companhias, meigos, carinhosos e amigos fiéis do seu dono, além de conviver bem com todas as pessoas que moram na "sua" casa.

Devemos lembrar, no entanto, que os machos, normalmente, são mais agressivos uns com os outros, principalmente quando não se conhecem. Mesmo machos que sempre viveram juntos desde pequenos e até irmãos, e que nunca brigaram, certo dia podem entrar em luta.

5.4 Idade para aquisição

A melhor época para adquirirmos um filhote, é quando ele está com seis a oito semanas de idade, logo após ser desmamado porque, inclusive, é nessa sua fase de vida que ele está abrindo os olhos para o mundo, passando a conhecer o ambiente em que vive, a ele se adaptando e aprendendo a enfrentar as mais diversas situações. Além disso, já começou a tomar as vacinas, ficando mais protegido contra diversas doenças.

Filhote com 4 dias

Filhote com 15 dias

Filhote com 30 dias

Devemos, no entanto, levar em consideração outros fatores, entre os quais: que mesmo um cão de mais idade pode se adaptar a um novo lar e a se afeiçoar ao seu novo dono, tornando-se seu amigo embora, quando se tratar de um cão adulto, isso já se torne um tanto mais difícil; qual o seu temperamento (calmo, vivo, agitado, nervoso, agressivo, etc.), para que combine com o do seu dono e não lhe crie problemas; as possibilidades e o tempo de que dispomos para tratá-lo e a eles nos dedicarmos, etc.

5.5 Resolvida a compra

Quando desejarmos escolher bem um filhote de um Lhasa Apso, devemos estudar tudo o que pudermos sobre a raça, em revistas, livros, etc.; visitar exposições e, se possível, acompanhando os julgamentos; conversar com criadores e donos de pet shops; visitar criações e canis, para ver como são criados os filhotes e tratados os cães, a sua higiene, medidas sanitárias, etc. É muito importante conhecermos a cadela, a ninhada na qual vamos escolher um filhote e também, o pai dos cãezinhos.

Devemos nos informar, também, sobre os preços de venda, para verificar se eles estão de acordo com os concorrentes no mercado pois, os valores podem variar bastante.

5.6 A escolha do filhote

Depois de decidida a compra de um filhote de Lhasa Apso, a primeira questão é saber onde adquiri-lo, o que pode ser feito em uma grande ou pequena criação, em um canil ou em um pet shop, desde que sejam idôneos, para evitar problemas, não só na aquisição mas que possam aparecer mais tarde.

Resolvido, também, de que sexo será o filhote, passamos a escolhê-lo na ninhada mas, de preferência, só examinando os do sexo que desejamos e desde que possua as seguintes características:

- não apresente nenhum sinal de nanismo;

- não seja tímido ou agressivo;
- seja o mais desenvolvido ou precoce, embora, às vezes, ele possa crescer muito e ultrapassar o tamanho desejado;
- possua uma boa conformação;
- seja o mais esperto, vivo, alegre e com os seus movimentos normais;
- possua boa audição, ouvindo bem os ruídos ao seu redor;
- sem nenhum defeito externo, inclusive de aprumos;
- seja sadio;
- sua visão seja perfeita, com os olhos vivos e brilhantes, sem lacrimejamentos, mucosidades, etc.;
- nariz úmido;
- pelagem característica da raça, bonita e sem nenhum defeito, como manchas, falhas, crostas, etc.;
- não apresente pêlos fracos ou foscos;
- possua pêlos lisos e brilhantes e pelagem fina e sedosa;
- tenha apetite normal;
- não esteja gordo demais;
- possua a pele lisa, esticada e untosa;
- não apresente feridas, crostas ou calombos pelo corpo;
- não apresente coriza, resfriado ou diarréia;
- não possua corrimento anormal como pus, sangue, etc., pelo corpo ou que seja nasal, vaginal, anal, etc.;
- esteja limpo, sem sinais de urina nos pêlos ou de "sujeiras", principalmente de fezes em volta do ânus;
- sua dentição deve ser normal;
- deve possuir todas as características da sua raça, como pelagem, tamanho (para cada idade), etc.;
- a fêmea deve possuir o aparelho reprodutor perfeito;
- o macho deve ter todos os seus órgãos genitais externos perfeitos, com os dois testículos na bolsa ou saco escrotal pois, a falta de um deles (monorquídio) ou dos dois (criptorquídio) é um defeito grave, inutilizando o cão para a reprodução.

Só devemos adquirir um cão, qualquer que seja o seu tamanho, a sua idade ou a sua raça, após ele haver sido submetido a um completo e rigoroso exame, realizado por um médico veterinário.

Naturalmente, quanto mais idade tem o filhote, maior é a garantia de fazermos uma boa escolha porque, com o crescimento, suas características vão se acentuando e, por isso, só devemos adquirir um cachorrinho com, no mínimo 45 dias de idade.

5.7 Após a aquisição do filhote

Logo depois de adquirimos o filhote, devemos levá-lo a um médico veterinário que lhe fará um exame geral, dará uma boa orientação sobre a sua alimentação e o seu manejo, receitará um vermífugo, indispensável nessa época da vida do filhote e iniciará o esquema de vacinação.

Naya e Brian – 4 e 30 meses – Cuccioli Kennel – Prop. Thatiana Augusto

Capítulo 6

Higiene, cuidados e tosa

6.1 Olhos e ouvidos - cuidados e limpeza

Os Lhasas Apsos, devido às características que apresentam os seus olhos e os seus ouvidos, têm uma tendência a sofrer lesões que vão de simples irritações a graves afecções ou infecções, com ou sem supurações, pois eles são bastante sensíveis a estes problemas.

As lesões nos olhos, quando muito graves, podem levar à cegueira parcial ou total dos animais, da mesma forma que as localizadas nos seus ouvidos ou nas suas orelhas, podem provocar a sua surdez, também parcial ou total.

Os cães Lhasas Apsos apresentam uma tendência para sofrer inflamações, tanto nos olhos quanto nos ouvidos. Para reduzi-las, a primeira providência a ser tomada é fazer, regularmente, uma higiene rigorosa nesses locais, de preferência, uma vez por semana, pois esta providência concorre para diminuir a sua incidência, ou mesmo, para que elas não mais ocorram.

6.2 Como e onde fazer suas necessidades

Quando o cão tem vontade de "fazer coco" ou "xixi", ele procura, logo, o lugar que lhe foi destinado para isso, pelo seu dono, ou seja, uma folha de jornal, um pedaço de papel ou um tapete higiênico, que nada mais é do que uma grande "fralda" descartável, em forma de tapete, que tem a capacidade de absorver a urina, sem que "escorra" pelo chão.

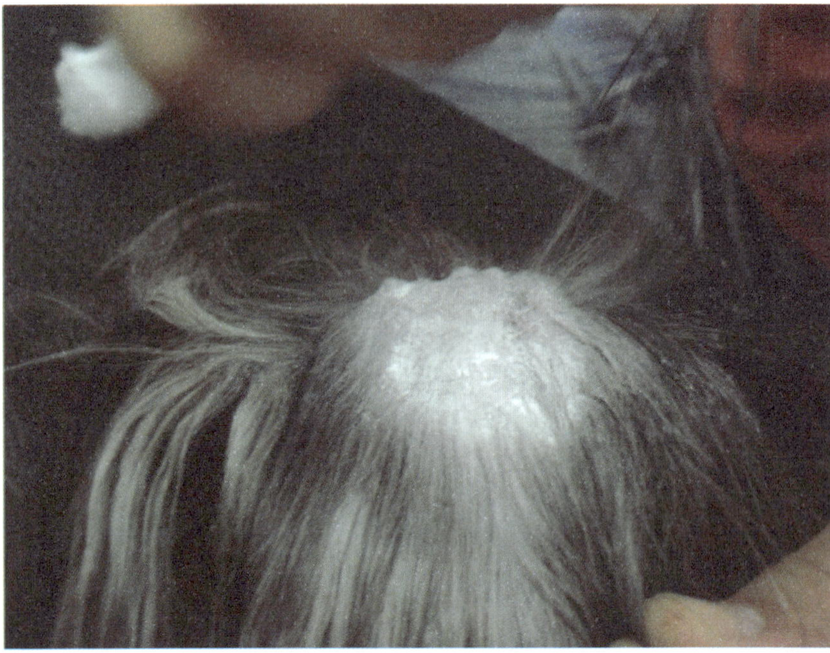

Limpando a orelha com talco especial

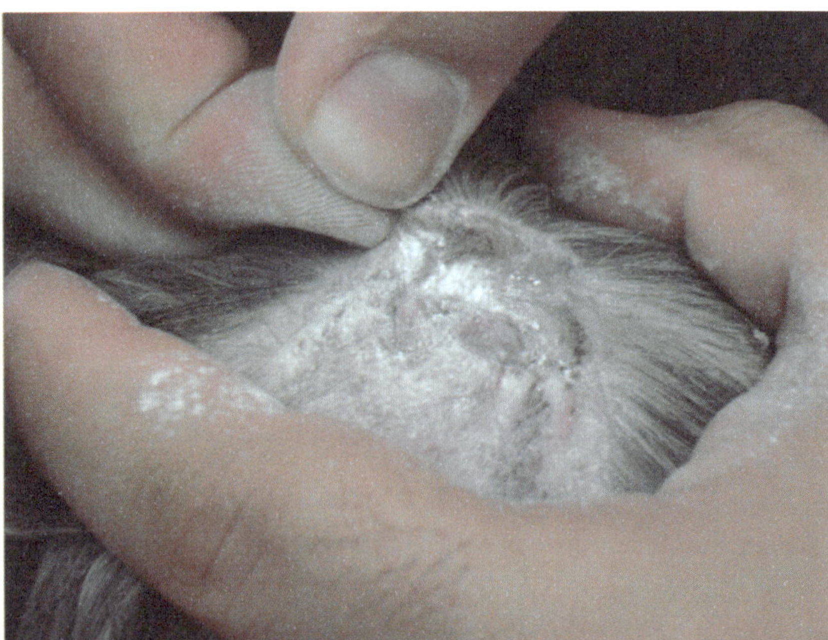

Arrancando os pêlos da orelha com a mão

Outro local bastante utilizado para que os cães façam suas necessidades é a rua. As caminhadas diárias com os cães, podem ser bastante saudáveis pois, além de permitirem que façam "xixi" e "coco" à vontade, são oportunidades para que o cão se exercite, principalmente os Lhasas, que costumam morar em apartamentos e sair pouco de casa. Neste caso, porém, os donos precisam ser responsáveis e saírem munidos de sacos plásticos ou outras formas de recolher as fezes de seu cãozinho, mantendo a rua limpa, demonstrando educação, higiene e civilidade.

6.3 Cuidados com a pelagem

As práticas mais freqüentes e importantes para manterem a pelagem dos Lhasas Apsos, sempre bem cuidadas e mais bonitas são:

1. escovação;
2. tosa;
3. banho.

6.4 Pêlos e pelagens – tosas e penteados

Não existe um tipo de tosa especial para o Lhasa Apso e ele, normalmente, não deve ser tosado, mas apenas submetido a um "triming" ou seja, pequenos retoques, bastante simples que, nesse cão, se resume em aparar os pêlos do animal, para que eles não fiquem compridos demais e para evitar o denominado efeito conhecido como "cauda de noiva", que dificulta muito os movimentos do cão, inclusive para andar, devido aos pêlos compridos que vão se arrastando pelo chão, como uma "cauda de noiva".

Para os Lhasas Apsos participarem de exposições, não há dúvida, sua pelagem deve ser mantida intacta, sem tosar e a mais longa possível, sendo preservadas todas as suas características raciais, aprovadas pelas entidades cinológicas oficiais.

Para os cães dessa raça, que não participam de exposições ou que são classificados ou empregados como reprodutores, é prático e interessante

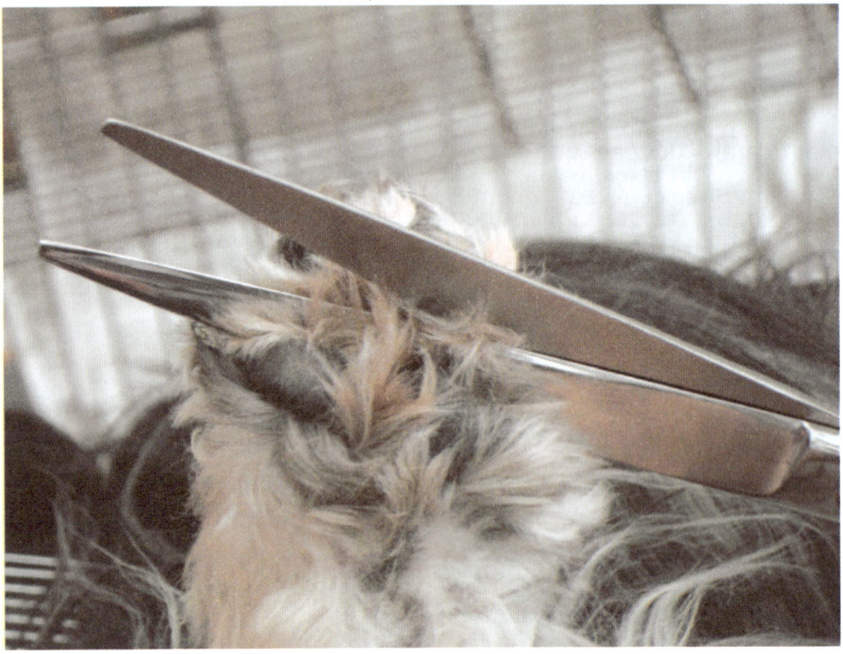

Tosando as patinhas

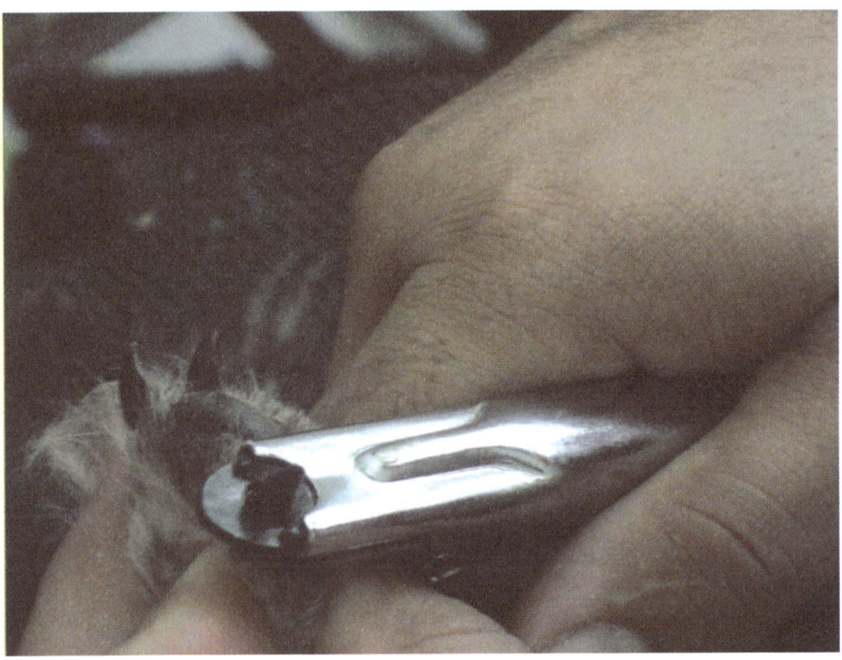

Cortando unhas com alicate especial

fazer cortes curtos em sua pelagem, pois isso facilita o seu trato e diminui o trabalho para a sua manutenção, porque as escovações podem ser feitas com intervalos maiores, entre elas.

Quando o comprimento dos seus pêlos, após o corte, atinge de 5 (cinco) a 10 (dez) centímetros, basta que neles seja feita somente uma escovadela por semana, para que fiquem bem tratados e com um aspecto bastante agradável e bonito.

6.5 Tosas

Normalmente, a tosa preferida ou adotada, é a "tosa filhote", que é feita para deixar os pêlos dos Lhasas Apsos, com cerca de apenas dez centímetros de comprimento.

Esta tosa pode, no entanto, ser feita, deixando os seus pêlos com os mais diversos comprimentos.

Esse cão, muitas vezes, apresenta vários tipos ou variedades de tosas, semelhantes ou até mesmo cópias das normalmente empregadas em outras raças caninas. Uma das mais "copiadas", neste caso, é a poda dos cães da raça Schnauzer.

6.5.1 Tosa higiênica

É uma tosa especial, cujo objetivo principal é facilitar a higiene e a limpeza do Lhasa Apso, evitando que ele se suje quando está fazendo as suas "necessidades".

Esse tipo de tosa deve ser feito em todos os cães Lhasas Apsos, inclusive nos tosados e nos de pêlos curtos e a intervalos regulares de três em três semanas, para que ele possa manter uma boa higiene.

As tosas, quando não são feitas em todo o animal, devem ser praticadas nas seguintes regiões:

1. ao redor do ânus, para evitar que as fezes sujem essa região e se grudem nos pêlos aí existentes;

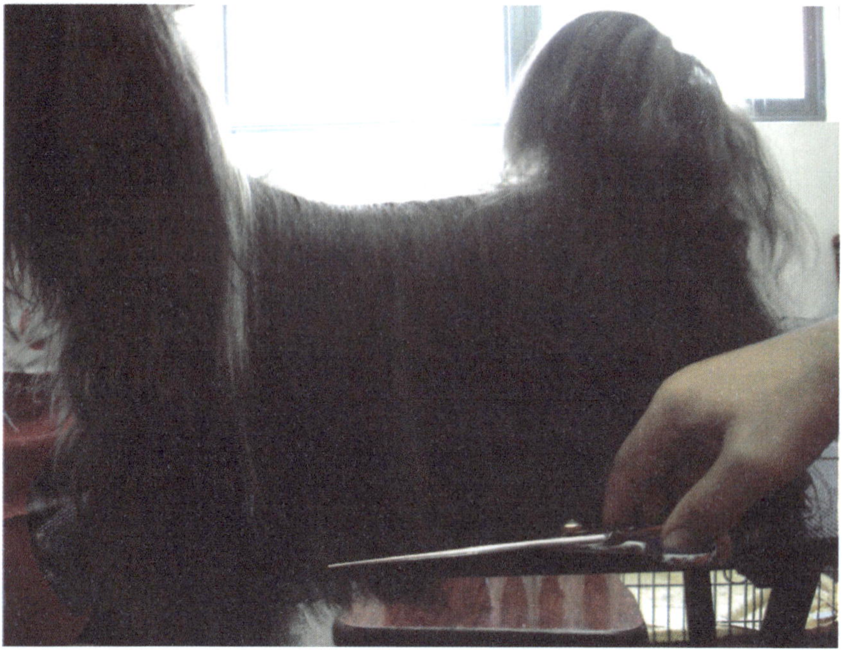

Tosando a saia

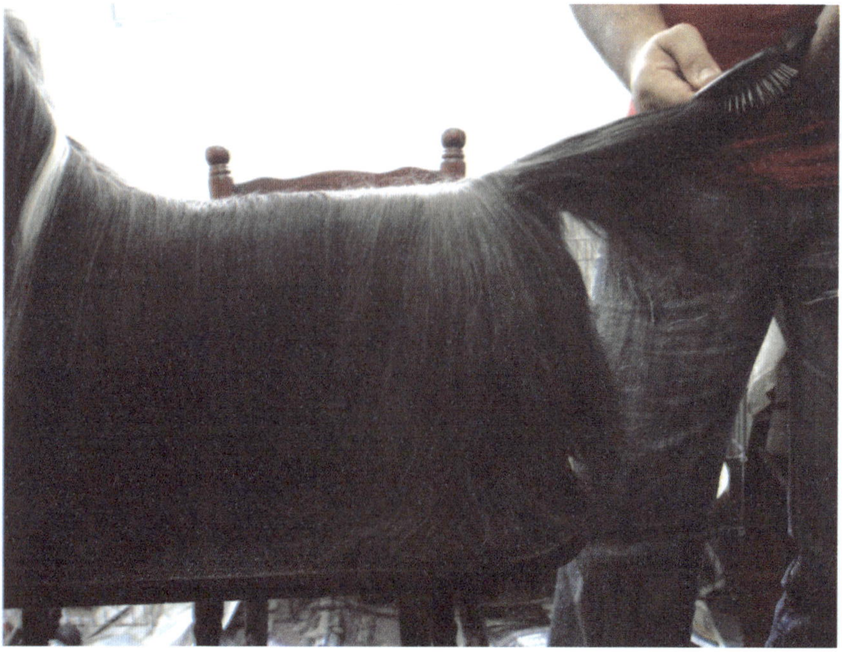

Escovação

2. entre os dedos do animal;
3. debaixo das patas dos cães, para evitar que quando eles andem, pisem sobre os pêlos aí existentes, o que os incomoda e pode até causar a sua queda, porque provocam escorregões;
4. nos machos, devem ser aparados, também os pêlos existentes no seu ventre e que ficam próximos ao seu pênis;
5. os bigodes e a barba devem ser tratados com todo o cuidado e de modo especial. Isso é necessário porque, devido às secreções que saem pelas narinas do cão e também, a um excesso de lágrimas, que pode ocorrer quando os seus olhos ficam irritados ou com alguma lesão mais acentuada, essas secreções não só sujam esses locais, mas lhes dão um aspecto bastante desagradável. Esse fato ocorre, mais comumente e de maneira mais acentuada, quando os cães estão bebendo ou comendo. Por esses motivos, é aconselhável que essas regiões sejam examinadas todos os dias e com muito cuidado, além de, quando necessário, sejam enxugadas e limpas, para que os seus pêlos não sofram danos.

Criadores ou donos de Lhasas Apsos preferem, muitas vezes, manter os pêlos presos com "chucas" pois, com essa providência, eles se sujam ou se molham muito menos do que quando permanecem soltos. É necessário, porém, que os pêlos sejam mantidos bem secos, pois a umidade e a pressão dos elásticos que os prendem, podem provocar o seu apodrecimento.

6.5.2 Tosas em exposições

A presença dos cães em exposições, equivale à dos homens em festas ou em outras solenidades.

Por esse motivo, quando nelas se apresentam, os cães, mesmo que não sejam submetidos a julgamentos, devem ir muito bem "arrumados".

Os Lhasas Apsos, por exemplo, devem se apresentar com a sua pelagem longa e solta da cabeça aos pés. Nos animais com mais ou menos um ano de idade, devido ao seu comprimento, os pêlos já estão arrastando pelo chão.

6.6 Escovação e penteado

A escovação do pêlo do Lhasa Apso deve ser feita normalmente e a intervalos regulares, para que a sua pelagem se mantenha sempre limpa, lisa e brilhante, o que faz o cão ficar com um ótimo aspecto.

Quando o Lhasa Apso possui uma pelagem comprida, ela deve ser escovada e penteada, três vezes por semana, da seguinte maneira:

1. desmanchar com as mãos, com todo o cuidado, um por um, os nós existentes na pelagem do cão, evitando puxar os pêlos, para que o cão não sinta dor e para não arrebentar os fios;
2. passar uma escova, mas com muita delicadeza e somente alisando, mas não puxando os seus pêlos, para o cão não ficar incomodado ou irritado, por sentir dores. A escova deve ter pinos de metal mas sem bolinhas nas pontas, porque elas danificam ou destroem os pêlos dos Lhasas Apsos.

Ela é muito eficiente para que sejam obtidos os melhores resultados na higiene, na conservação e na beleza das pelagens dos Lhasas Apsos e para mantê-los em bom estado e livres dos nós que se formam nos pêlos, quando eles não são bem penteados.

Sua aplicação, um dia sim e um dia não, representa uma ótima opção para evitar a formação e o excesso de nós mas, mesmo assim, não é o recurso mais empregado, porque os donos dos cães não gostam de vê-los sofrer, quando os seus pêlos são puxados, para desembaraçar os nós espalhados sobre o seu corpo e, principalmente, sobre a sua cabeça e os seus membros.

A ausência ou a falta de nós, é uma ótima característica nos Lhasas Apsos, principalmente quando eles possuem uma pelagem de boa qualidade, cujos pêlos, tanto quanto lisos, não são sedosos e nem lanosos.

Quando porém, os pêlos para os penteados, são deixados cortados ou mais curtos como, por exemplo, na tosa filhote, esses pêlos "embolam" relativamente pouco, não havendo por isso, nenhum problema em diminuir o número de escovações para duas ou menos, por semana.

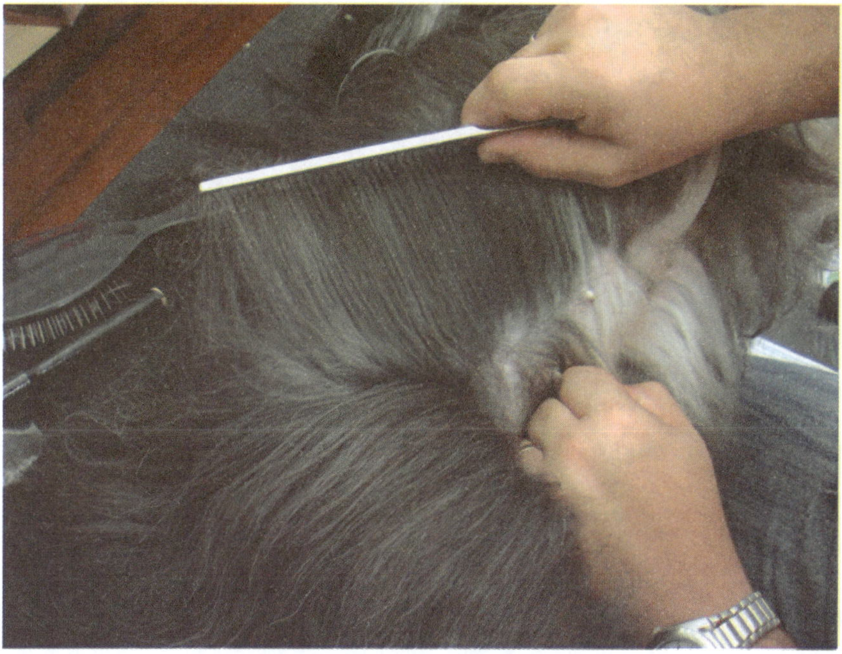

Penteando com o cão deitado

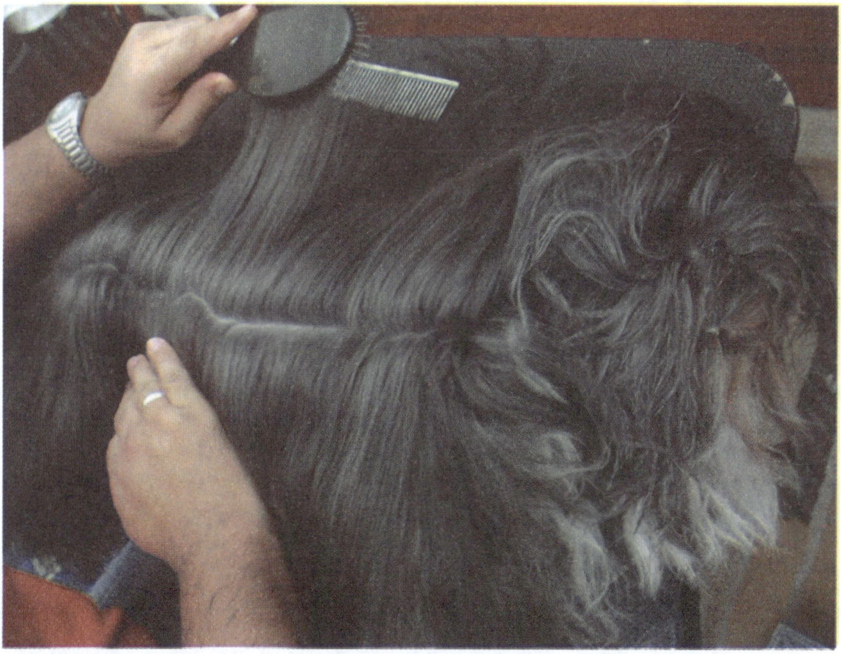

Escovação

6.6.1 Os nós nos pêlos

Quando eles ocorrem, o criador ou dono deve imediatamente, desfazê-los. Para isso é necessário:

1. umidecer esses nós, empregando um condicionador dissolvido em água e
2. com as mãos, desembaraçar, um por um, todos os nós existentes na pelagem do cão.

Essas operações devem ser feitas com todo o cuidado, para evitar que a pelagem do animal seja danificada, por quebrar ou arrancar os nós.

6.6.2 Escovas

Há vários tipos e tamanhos de escovas empregadas para fazer as escovações dos pêlos dos cães de todas as raças. O melhor, porém, é utilizar as escovas cujos fios não possuem bolinhas, porque elas penetram com maior facilidade entre os pêlos ou na pelagem dos cães, diminuindo assim, o perigo de os seus fios se arrebentarem, o que pode até prejudicar o aspecto dos animais.

6.7 Pêlos nos olhos

Para evitar que os pêlos da cabeça ou da cara, dos Lhasas Apsos, entrem nos seus olhos, podendo irritá-los ou até feri-los, uma boa providência é prendê-los. Eles podem sair com um laçinho ou mesmo com um papelote pois, muitas pessoas, além dos seus donos, acham que eles ficam "bonitinhos" com esses pequenos e simples enfeites. No cotidiano desses cães, o uso de lacinhos ou papelotes para conter os pelos sobre os olhos é uma ótima solução.

O uso de lacinhos ou papelotes não é permitido nos cães inscritos em exposições, principalmente durante os desfiles para a sua apresentação, para o seu julgamento e a sua classificação nos concursos ou competições.

Penteando a cara

Depois da escovação

Nas competições, além de ele estar com a pelagem muito bem cuidada, ela deve estar natural e completamente solta, após uma higienização e um bom preparo, o que realça as suas características e a beleza dos seus pêlos.

6.8 Banhos

Todos os cães devem tomar banhos, regularmente, a intervalos de uma semana, exceto quando eles ficarem sujos pois, neste caso, devem ser banhados no mesmo dia e, de preferência, na mesma hora em que se sujarem A higiene é muito importante para manter os seus pêlos em bom estado e bonitos, bem como a sua saúde.

É necessário, porém, que os saponáceos ou outros produtos empregados para banhá-los, sejam de boa qualidade e especiais para cães, para evitar que haja reações do seu organismo, geralmente na sua pele e traduzidos por alergias, eczemas, etc.

Muito importante, também, é que, após o banho, tenham os seus pêlos enxugados, de preferência por secadores elétricos, para que fiquem bem secos.

Após ficarem secos, os pêlos devem ser bem escovados, a cada dois ou três dias.

6.9 Muda

Como todos os cães, também o Lhasa Apso sofre, periodicamente, mudas de pêlos, conhecidas popularmente como "mudas". As mudas variam de intensidade, sendo que, no Lhasa Apso, ela é considerada como moderada.

O tipo, a intensidade ou o período da sua duração, variam com a idade e as características individuais de cada cão, bem como das condições ambientais, como as temperaturas, por exemplo, que influem diretamente sobre essa camada protetora que os cães possuem, cobrindo externamente a pele de todo o seu corpo.

6.10 Unhas e seu trato

Pode não parecer, mas as unhas desempenham importantes funções na vida dos cães e, entre elas, podem ser mencionadas:

1. servem como pontos de apoio no solo, ajudando o cão a nele se firmar;
2. evita que o animal leve escorregões ou tombos, que podem provocar-lhe diversos tipos de lesões ou traumatismos;

É muito importante, também, controlar o tamanho das unhas dos cães, para que não fiquem compridas demais.

Normalmente, elas se desgastam somente com os atritos a que são submetidas quando o cão caminha ou corre pelo solo, dentro ou fora do lar, principalmente quando se trata de uma casa com quintal ou então, quando sai a passear, com o seu dono ou com outra pessoa.

Quando as suas unhas crescem muito, por não se desgastarem naturalmente, quando o cão anda, corre e pula, é necessário que sejam aparadas regularmente, com uma tesoura ou um alicate especial, o que deve ser feito a intervalos de trinta dias.

Unhas antes do corte

6.11 Dentes

O cuidado com os dentes dos cães é uma preocupação que o dono deve ter. Os dentes são partes vitais do corpo dos cães, pois eles são utilizados para várias finalidades mas, especialmente, para a defesa do animal e para a sua alimentação.

Para cuidarmos adequadamente da dentição do Lhasa devemos, em primeiro lugar, nos preocuparmos com a qualidade da ração a ele fornecida. Isto é importante, na medida em que as rações de boa qualidade devem conter elementos e um grau de dureza que auxilie na limpeza dos dentes.

Além do cuidado com a ração a ser ministrada ao cãozinho, outra providência importante é realizar, regularmente, a escovação nos seus dentes. Para isso, precisamos contar com uma escova dental apropriada para cães e, mais ainda, para o porte do animal. Além da escova, deve ser utilizado creme dental especial para cães. A principal diferença entre um creme dental destinado aos seres humanos e o dentifrício para cães é a falta do flúor na composição do creme dental para cães.

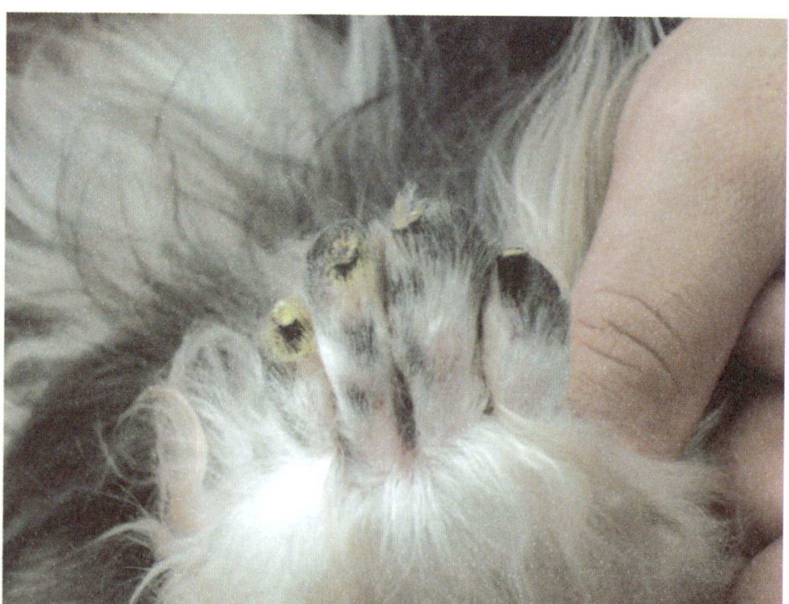

Unhas cortadas

CAPÍTULO 7

DOENÇAS: PREVENÇÃO, TRATAMENTO E VACINAÇÃO

A prevenção e o correto tratamento das doenças que os Lhasas Apsos ou qualquer outro cão possam vir a sofrer são providências vitais que todos os criadores e donos de animais precisam tomar pois, delas podem depender a própria vida do animal e a saúde da família que o acolheu.

As principais doenças dos cães podem ser de origem infecciosa ou parasitária e, normalmente, exigem cuidados especiais ou medidas rotineiras de prevenção. O mais importante para todos os donos de cães, sejam quais forem as raças, é sempre procurar e seguir a orientação de um Médico Veterinário, que cuidará do cãozinho, desde seus primeiros dias, até à sua velhice. Sempre que o dono suspeitar de algum problema de saúde, deve procurar um Médico Veterinário o mais rápido possível e nunca medicar seu cão sem prescrição médica.

A seguir, veremos algumas das doenças parasitárias e infecciosas que mais atacam os cães, seus sintomas, tratamento e prevenção:

7.1 Verminose

O mais comum e praticamente, o normal, é que as ninhadas sejam infestadas por vermes, principalmente o **Toxocara canis**. Raramente uma delas se livra desse problema, por maiores que sejam os cuidados com a limpeza e a higiene dos ninhos e os locais pelos quais andam os filhotes, pois eles se infestam ao mamarem nas tetas da cadela, quando elas estão contaminadas, porque tiveram contato com o chão ou outro local em que se encontravam os vermes ou seus "ovos" ou larvas.

Os sintomas da verminose, no filhote, são: ele fica triste e abatido; ventre inchado e volumoso; tem emagrecimento progressivo e perda de peso; pêlos foscos, sem brilho; diarréia; mucosidade nas fezes; presença de vermes nas fezes ou somente "bolos de vermes", eliminados pelo ânus.

Quando a infestação é muito grande, deve ser dado um vermífugo aos filhotes, antes mesmo da desmama, para que eliminem os vermes e se recuperem. O melhor, porém, é consultar um médico veterinário.

Os vermífugos são, em geral, pílulas que devem ser colocadas bem no fundo da boca do filhote. Para evitar que ele as cuspa, sua boca deve ser fechada até que ele engula o medicamento. Existem, também, os vermífugos injetáveis, que podem ser utilizados de acordo com as prescrições de um médico veterinário.

A vermifugação deve ser adotada como rotina e os filhotes só devem ser vendidos ou presenteados, depois de tomarem o vermífugo.

7.2 Algumas doenças e a vacinação

Como a primeira vacinação deve ser feita somente quando os filhotes atingirem, no mínimo, 45 dias de idade, época em que são ou já foram vendidos, o criador deve avisar ao comprador que o cãozinho deve ser vacinado, para que fique protegido de algumas doenças, as quais veremos a seguir.

7.2.1 Cinomose

Doença infecciosa muito contagiosa, causada por um vírus. Seus sintomas podem ser os mais variados. Um deles, bem comum, é o aparecimento de "bolinhas" amarelas, de pus, na barriga do animal. Pode atacar o aparelho respiratório ou digestivo, bem como o sistema nervoso dos cães. Pode atingir todos os cães, principalmente os filhotes de dois a seis meses de idade e pode ser mortal.

Existe uma vacina eficaz contra essa doença e que deve ser aplicada aos 2 meses de idade. Dar uma dose de reforço 30 e outra 60 dias após a primeira dose. Repetir a vacinação (uma dose), anualmente.

7.2.2 Hepatite

Ataca o fígado e causa, também, dores abdominais, sangramento, depressão, etc. Os cães muito jovens e os muito velhos são os mais sujeitos a essa doença. Os filhotes devem ser vacinados contra a hepatite, recebendo a primeira dose aos 2 meses de idade e depois, a segunda e a terceira doses, respectivamente, 30 e 60 dias após a aplicação da primeira dose. Vacinar anualmente.

7.2.3 Leptospirose

É transmitida, principalmente, pela urina dos ratos. É transmissível ao homem. Seu diagnóstico clínico não é muito fácil, porque não apresenta sintomas específicos, sendo eles gerais como, por exemplo, fraqueza, perda de apetite, vômitos e febre alta. A vacina contra essa doença deve ser aplicada aos 2 meses de idade, com uma dose de reforço aos 30 e outra aos 60 dias após a primeira dose. Repetir a vacinação, todos os anos.

7.2.4 Parvovirose

Produzida por um vírus, é uma doença grave, que ataca os cães de todas as idades e que pode ser mortal. A vacina contra essa doença deve ser aplicada aos 2 meses de idade e repetida, como reforço, 30 e 60 dias após a aplicação da primeira dose e, depois, uma vez, todos os anos.

7.2.5 Coronavirose

Causada pelo **Coronavirus** (CCV), é uma doença altamente contagiosa e de elevada mortalidade, principalmente entre os cães jovens. Já está

Nakin Thor – Macho – Cuccioli Kennel – São Bernardo do Campo/SP

Naya – Fêmea – 7 meses – Cuccioli Kennel – Prop. Thatiana Augusto

espalhada por todo o mundo. Não é transmissível ao homem. Seus primeiros sintomas são: prostração, letargia, falta de apetite, diarréia com forte cheiro fétido característico e com muco, vômitos biliosos, espumantes e, às vezes, sanguinolentos.

O cão fica prostrado, vêm os vômitos e a diarréia com fezes amareladas, alaranjadas ou sanguinolentas. O período de incubação da doença pode ser de 24 a 36 horas ou mais longo. Os animais podem se recuperar, o que ocorre, em geral, em 7 a 10 dias. Para combater essa doença, o melhor é vacinar os cães aos 60, 90 e 120 dias de idade.

7.2.6 Parainfluenza

É muito contagiosa, atacando o sistema respiratório dos cães de qualquer idade. É transmitida por contato direto ou indireto com cães doentes, sendo uma das doenças mais perigosas para os cães. Sintomas: febre alta, tosse forte com catarro ou mucosidade. Dura, normalmente, 2 a 4 semanas. Quanto mais rapidamente o cão for medicado, maiores são as suas possibilidades de recuperação.

Existe uma vacina eficaz contra essa doença e os filhotes devem ser vacinados como rotina. Existem, também vacinas múltiplas, que podem imunizar contra 6, 8 ou até 10 doenças, inclusive a parainfluenza.

7.2.7 Raiva

Doença mortal, para a qual não existe cura, depois do aparecimento dos seus sintomas. É causada por um vírus, sendo transmissível ao homem. É transmitida ao homem, cães ou outros animais, pelo contato direto da saliva contaminada, do cão raivoso, por lambeduras ou mordidas.

A vacina contra a raiva, conhecida como anti-rábica, deve ser aplicada nos cães aos 5 meses de idade e, depois, repetida uma vez por ano.

7.3 Esquema de vacinação

Para que os cãezinhos fiquem protegidos dessas e de outras doenças, é indispensável que sejam corretamente vacinados. O melhor, para isso, é seguir o esquema de vacinação indicado por um médico veterinário, como o que apresentamos a seguir.

7.3.1 Tabela de vacinação

Idade do cão (em dias)	Doses e vacinas
60	1ª – cinomose, hepatite, leptospirose, parvovirose, coronavirose e parainfluenza
90	2ª – cinomose, hepatite, leptospirose, parvovirose, coronavirose e parainfluenza
120	3ª – cinomose, hepatite, leptospirose, parvovirose, coronavirose e parainfluenza
150	anti-rábica – dose única

As vacinas contra as doenças acima, podem ser dadas separadamente, desde respeitados os prazos entre as suas respectivas doses.

Como já mencionamos, existem vacinas múltiplas, que facilitam o esquema de vacinação pois, os cães não precisam receber mais do que uma picada.

7.4 Principais problemas de saúde

Cada raça canina pode apresentar alguns problemas de saúde com maior incidência do que outras. Os cães da raça Lhasa Apso não são exceção e estão mais sujeitos a alguns problemas, como os que veremos a seguir. Os cães dessa raça são especialmente conhecidos pela maior incidência de problemas nos olhos.

7.4.1 Conjuntivite

A conjuntivite é uma inflamação das mucosas localizadas na região dos olhos. Esta inflamação causa uma irritação local, com aumento da produção lacrimal. Isso é causado, na maior parte das vezes, devido ao atrito com os pêlos que se localizam ao redor do local. Uma providência bastante eficiente para reduzir o problema é manter os pêlos da região presos ou sempre bem aparados.

7.4.2 Dermatites

As dermatites são bastante comuns nos os cães dessa raça. É relativamente fácil identificar os primeiro sinais, quando notamos pequenos pontos avermelhados, aglomerados em uma determinada área do corpo. Se isso ocorrer em uma pata, por exemplo, o animal passará a lamber e esfregar o local, com freqüência, mostrando que está incomodado pela coceira.

Esse problema pode ser causado por diversos fatores, como pulgas, excesso de calor, pouca freqüência de banhos, etc. Deve ser tratada com pomadas e cremes especiais, segundo orientação de um Médico Veterinário. Também existem banhos medicinais, nos quais são utilizados medicamentos específicos para o tratamento de dermatites.

Este é um problema que deve ser tratado o quanto antes, pois uma dermatite pode evoluir com bastante rapidez e fazer com que uma região do corpo do cão fique definitivamente sem pêlos ou, ainda, debilitar o animal e permitir que uma infecção bacteriana nele se instale.

7.4.3 Atrofia progressiva da retina

A atrofia progressiva da retina é uma degeneração de origem genética que, progressivamente, destrói as células da retina do cão, podendo levar à cegueira. Outras raças também apresentam uma maior tendência a esse problema como, por exemplo, o Poodle, Labrador, Cocker Spaniel e o Akita, entre outros.

É uma doença que não causa dor ao cão mas, naturalmente, a cegueira é um grande problema para o animal. Os primeiros sintomas são:

- perda de capacidade da visão noturna, que leva o cão a ter problemas para encontrar objetos ou algum aposento da casa, quando as luzes estiverem bem reduzidas;
- pequena alteração no brilho dos olhos e
- redução da capacidade de dilatação e contração das pupilas, quando ocorre variação de luminosidade.

Dayla – Fêmea – 12 meses – Jovem Campeã – Cuccioli Kennel

Capítulo 8

Primeiros socorros

Os cães podem ter uma série de problemas de saúde repentinos ou inesperados, cuja origem pode até ser desconhecida, ou então, detectada com maior rapidez. Inclusive quando se trata de acidentes como, por exemplo, atropelamentos por veículos de diversos tipos, entre os quais automóveis, caminhões, motocicletas e mesmo, bicicletas ou triciclos. Outras causas desses problemas podem ser choques elétricos, quedas, ingestão acidental de algum produto nocivo ou tóxico, etc.

Por esses motivos, os seus donos devem estar sempre atentos, para perceber o ocorrido, avaliar o perigo para a saúde dos seus cães e poder socorrê-los com a máxima urgência possível, de acordo com as necessidades, chamando um médico veterinário ou os levando para uma clínica veterinária ou para um hospital especializado.

Esses acidentes podem ocorrer com os cães de todos os tamanhos ou raças e de todas as idades. Damos a seguir, alguns exemplos de acidentes e as providências que devemos tomar para enfrentá-los da melhor maneira possível:

8.1 Fraturas

Os donos de cães devem estar sempre preparados para enfrentar uma emergência, porque os cachorros, como também ocorre com as crianças, fazem as suas travessuras e muitas vezes, podem "se dar mal", sofrendo traumatismos ou lesões de diversas naturezas e que, muitas vezes são bastante grave. Entre eles destacam-se as fraturas, que podem ser internas ou então, externas ou expostas, quando o osso ou ossos, total ou parcialmente fraturados, ficam expostos ao ar para fora do local em que se localizam normalmente. Isso ocorre logo após o rompimento dos tecidos que os recobrem.

As fraturas são quebras ou rompimentos parciais ou totais de um, de dois ou de um maior número de ossos. Elas podem ser simples rachaduras ou trincados, ou então, a sua ruptura, que pode ser parcial ou total.

Quando um cãozinho sofre uma fratura, muitas vezes, não estamos por perto para presenciar o acidente e, dessa forma, não podemos tomar as medidas mais indicadas para cada caso. Desta forma, somos obrigados a suspeitar de uma possível fratura, luxação, entorse, etc., apenas pela observação do comportamento do cão. Se o animal estiver com uma perna fraturada, por exemplo, notamos que ele manca ao andar, se movimenta com mais dificuldade e evita colocar uma das patas no chão. Pode, ainda, "reclamar", da dor, com ganidos ou choros, sempre que forçar a área lesada.

No caso específico do Lhasa Apso, por se tratar de um cão de pequeno porte, o melhor é levá-lo, no colo, com bastante cuidado, o mais rapidamente, para ser examinado por um Médico Veterinário, logo após constatarmos a fratura ou termos a suspeita de que possa haver um ou mais ossos fraturados.

8.2 Intoxicação por ingestão acidental

Quando um cão ingere, sem que o percebamos, algum produto tóxico, como um produto de limpeza, por exemplo, o que devemos fazer é levá-lo imediatamente a um médico veterinário, juntamente com a embalagem do produto. Com a embalagem, o médico veterinário poderá saber, com maior precisão, qual o remédio mais indicado para cada situação, aumentando as chances de o animal não sofrer tanto ou, ainda, de salvar-lhe a vida. Não devemos, nunca, tentar induzir o vômito do animal.

8.3 Asfixia

Muitas vezes, um cão pode tentar comer algum objeto e ficar engasgado com ele. Como conseqüência, o mesmo poderá ficar com falta de ar, sofrendo uma asfixia, que pode tirar-lhe os sentidos ou, ainda, levá-lo à morte.

Para evitar maiores problemas e salvar o cãozinho, devemos tentar mantê-lo calmo e, ao mesmo tempo, olhar na sua garganta, para vermos se é possível localizar o objeto que esteja causando o problema. Após localizá-lo, devemos removê-lo com uma pinça, ou mesmo com os dedos, se for possível. Devemos tomar cuidado para não empurrar o objeto mais para dentro, o que poderia agravar ainda mais a situação.

Se não for possível remover o objeto e o animal estiver entrando em colapso, devemos pressionar a sua caixa torácica, vigorosamente, três vezes. Esse procedimento visa deslocar o objeto para fora, fazendo com que seja expelido completamente ou, pelo menos, que o deixe em uma posição mais fácil para ser removido com uma pinça ou com os dedos.

8.4 Feridas de mordidas

O Lhasa Apso é um cão extremamente pacato e cordial. Entretanto, por se tratar de um cão e possuir seus instintos animais pode, eventualmente, se envolver em uma briga com outro cão, seja ele de sua raça de ou outra qualquer. Se houver ferimentos com sangue, devemos cuidar muito bem deles e no caso de ferimentos mais graves, o animal deve ser levado o mais rapidamente a um hospital veterinário.

É importante lembrarmos sempre de que uma ferida exposta é uma grande porta de entrada para infecções e, por essa razão, deve ser muito bem limpa e desinfetada. Primeiro, limpamos a ferida com soro fisiológico ou, na falta deste, com água potável. Depois, devemos utilizar algum anti-séptico local, para desinfetar a ferida. Se houver um sangramento constante, antes de limparmos e desinfetarmos, devemos pegar um pedaço de pano e pressionar o local, por alguns minutos, até que o sangramento seja contido. Depois, passamos para a assepsia local, ou seja, para a limpeza e desinfecção da ferida.

8.5 Vômitos

Os vômitos podem ser causados pelos mais diversos motivos. Podem ser relativos a uma simples condição de sensibilidade momentânea em alguma parte do aparelho digestivo mas podem, também, fazer parte de um quadro clínico mais complexo, ou seja, podem ser sintomas de alguma doença ou de intoxicações.

De qualquer maneira, quando o cãozinho apresentar vômitos devemos, em primeiro lugar, verificar se essa ocorrência é um fato isolado ou se existem outras anormalidades acontecendo, como diarréia, por exemplo. Depois, devemos suspender qualquer tipo de alimentação que não faça parte da alimentação normal do cão, pois pode estar havendo algum tipo de intolerância a um novo tipo de alimento ou "guloseima".

Se os vômitos persistirem, devemos interromper totalmente a alimentação por duas a três horas e fornecer, se o cão a procurar, água. Depois, lentamente, devemos fornecer ração seca, até normalizar a sua oferta ao cão. Após um período de 24 horas, a alimentação deve ser totalmente normalizada. Caso os vômitos persistam, devemos levar o animal ao Médico Veterinário.

Capítulo 9

Alimentação e pelagem

Por melhores que sejam as características genéticas de um cão, em relação ao fator pelagem, ele somente apresentará uma boa cobertura de pêlos se receber uma alimentação adequada, não só quanto à sua quantidade mas, e principalmente, quanto à sua composição, para que haja certo balanceamento entre os seus componentes, o que concorre para melhor suprir as suas necessidades alimentícias do organismo desse animal.

Sem uma boa alimentação, nenhum cão ou qualquer outro animal, pode apresentar uma boa pelagem, com os seus pêlos perfeitos e bonitos. Isto ocorre porque, os principais elementos que compõe os seus pêlos, são as proteínas. Estas substâncias, além de serem alguns de seus componentes, são as responsáveis pela sua formação, sua resistência, sua textura, suas cores e ainda, pela intensidade do seu brilho.

Outros elementos que influenciam na formação e no desenvolvimento dos pêlos dos cães, são alguns minerais entre os quais, o cobre, o zinco e o ferro.

As vitaminas, também, são muito importantes e indispensáveis mesmo como componentes da sua pelagem, podendo ser citadas entre elas, as vitaminas A, E e o ácido pantotênico, pois concorrem para a formação dos pigmentos, permitindo que os pêlos adquiram uma coloração firme e bonita.

As gorduras polinsaturadas são outros elementos que também concorrem para melhorar a qualidade e a aparência dos pêlos dando-lhes, inclusive, um brilho mais intenso. Entre estas gorduras, pode ser destacado o ácido linoléico, existente em vários óleos vegetais, entre os quais os de soja, de girassol e de milho.

Uma boa alimentação só é possível com boas rações ou com alimentos adequados.

9.1 As rações balanceadas

Alimentar os cães, com o uso de rações balanceadas, é o meio mais eficiente e prático que os donos e criadores podem adotar. Existem dezenas de tipos de rações, com características diferentes e aplicações variadas.

De uma forma geral, podemos dizer que as rações industrializadas são classificadas pelo porte e idade do cão. Existem rações mais específicas como, por exemplo, rações destinadas a cães com problemas renais, cardíacos, diabetes, cães obesos, etc.

Especialmente para cães cuja pelagem é uma das características principais, como no caso do lhasa apso, a correta escolha das rações a serem administradas é um dos principais fatores que concorrem para a beleza e saúde do animal e da sua pelagem.

As rações podem ser classificadas, também, pela sua qualidade, ou seja, pelo teor nutritivo que oferecem ao animal. As melhores linhas de rações são as denominadas *Premium,* que apresentam a melhor composição balanceada que o animal poderá receber. Mesmo assim, dentre as marcas de rações que trabalham com este tipo de produto, existem aquelas que se destacam. Para uma correta avaliação, é necessário que seja feita uma comparação da composição e valores nutricionais, que constam, obrigatoriamente, nas embalagens dos produtos

Além das rações *Premium*, existem aquelas conhecidas como de segunda e terceira linhas. Estas rações são mais "fracas" no que diz respeito ao seu valor nutricional mas, também, são mais econômicas ou baratas.

Como não encontramos nas embalagens de rações a indicação clara do tipo de linha do produto, ou seja, não encontramos um saco de ração com a informação "segunda linha", "terceira linha" ou "ração com baixo teor nutritivo", a primeira forma de analisarmos a possível qualidade do produto, é pelo seu preço: rações melhores são, invariavelmente, as mais caras. Apenas as rações *Premium* apresentam, em suas embalagens, a inscrição "*Premium*", para enfatizar ao consumidor a sua qualidade e justificar o valor a ser pago por esse produto.

Existem outras denominações para as linhas de rações como, por exemplo "*Super-Premium*", "*Premium*" e "*Standard*". Esta nomenclatura é utilizada, também, para identificar as rações de primeira, segunda e terceira linhas.

O melhor, sempre, é manter-se informado sobre as marcas de ração disponíveis no mercado. É fácil obter esse tipo de indicação com médicos veterinários ou mesmo com profissionais de pet shops. É bom lembrar que as melhores marcas sempre zelam pela qualidade de seus produtos.

Para cães da raça Lhasa Apso, especificamente, o melhor é, se possível, fornecer rações Premium. Existem ainda, alguns tipos de rações Premium que, devido à sua composição, auxiliam na manutenção de cães com pelagem mais exigente. Quando filhotes, devemos administrar rações específicas para as fases do seu crescimento, porque elas apresentam, em sua composição, todos os nutrientes necessários para o bom desenvolvimento do filhote, em cada etapa do seu crescimento.

9.2 Como fornecer as rações

Além da qualidade da ração fornecida ao cão, é muito importante que a forma com a qual o animal a receba seja a mais adequada. Desta forma, o melhor é fixar horários para o fornecimento da alimentação, de preferência, que sejam duas vezes ao dia, sempre no mesmo horário. Com esta medida, o cão fica totalmente acostumado com a sua rotina, ajuda a regular as suas funções intestinais e, ainda, facilita as "caminhadas" com o cão, quando for o caso, pois todos os animais apresentam uma tendência a fazer suas necessidades fisiológicas após as refeições.

Se o cão estiver acostumado a comer comida caseira e não ração, devemos substituir, aos poucos, esse tipo de alimentação pelas rações industrializadas. Por já ter desenvolvido o gosto pela comida caseira, a melhor forma de mudar esse hábito é misturar a ração à comida diária. Todos os dias, a proporção de ração na comida deve aumentar, enquanto a porcentagem de comida caseira deve diminuir. Desta forma, o cão passa a se alimentar de maneira mais saudável e não sofre um "trauma" com essa mudança.

Não é indicado adicionar à ração, leite ou água. Algumas pessoas acreditam que, "amolecendo a ração", o cão achará a refeição mas apetitosa. Em primeiro lugar, se o cão já estiver habituado com a ração seca, acrescentar qualquer outro ingrediente é desnecessário e, ainda, esta prática pode fazer com que a ração se estrague em muito pouco tempo, tornando-a imprópria para o consumo.

9.3 Outros alimentos

Além das rações balanceadas industrializadas, podemos fornecer aos cães vários "petiscos". São rações molhadas, frescas, "ossos" industrializados, etc. Existem muitas "latinhas" disponíveis no mercado, com produtos industrializados de qualidade e de sabor bastante atrativo para os cães. Devemos porém, tomar bastante cuidado para que o cão não comece a querer abandonar a ração balanceada para alimentar-se somente com seus petiscos.

9.4 As fezes e o valor alimentício da ração

Quanto menor for o volume das fezes expelidas pelo cão, durante um dia no qual recebeu a sua ração normal e na mesma quantidade, maior podemos considerar a qualidade da ração que este esteja recebendo. Isso se dá porque as melhores rações apresentam um aproveitamento maior e melhor digestibilidade, isto quer dizer que rações de melhor qualidade são mais aproveitadas no processo digestivo e, por conseqüência, fazem com que o cão produza uma quantidade menor de fezes.

Assim sendo, quanto maior for a diferença entre a quantidade dos alimentos ingeridos e o "tamanho" das fezes, que é sempre menor, maior é o volume de alimentos ou seja de substâncias nutritivas, absorvidas pelo organismo do animal que foi com elas alimentado.

Outra informação fornecida pelas fezes, é dada pela sua consistência: quando for firme, indica que os alimentos foram bem digeridos e assimilados. Quando as fezes forem moles ou líquidas, isto indica problemas ou distúrbios gastro intestinais como intoxicações, diarréias, etc.

9.5 Descoloração dos pêlos

Acromotriquia é o termo empregado para designar a descoloração ou "desbotamento" dos pêlos, que pode ser causado por carências de vitaminas, de gorduras ou de minerais. Este problema apresenta-se com maior freqüência, quando os cães são nutridos com alimentos caseiros, principalmente quando eles não são diversificados, como é comum no caso de os cães serem alimentados diariamente apenas com frango e arroz.

Quando os cães sofrem de descoloração dos pêlos, é normal que eles apresentem, também, descamação da pele ou seja "caspas", "cascas" ou "seborréias", além de um desagradável cheiro, às vezes, bastante forte.

Para combater as causas desses sintomas, os cães devem receber, regularmente, suplementos ricos em vitaminas e em sais minerais. Com o mesmo objetivo, pode ser a eles ministrada a levedura de cerveja.

Este é, também, um alerta de que as rações fornecidas ao cão não sejam de boa qualidade e que não contenham a quantidade necessária de nutrientes de que o cão necessite.

9.6 Alteração na cor ou avermelhamento dos pêlos

Normalmente, a alteração ou avermelhamento na cor dos pêlos ou da pelagem dos cães Lhasa Apso, pode ser provocada pela alimentação por eles ingerida, pelo corrimento de lágrimas sobre os seus pêlos ou pela saliva das lambeduras que eles dão em todos os locais do corpo, que eles possam alcançar com a língua.

Quando essa alteração de cores ocorre devido a problemas alimentares, o avermelhamento aparece, principalmente, em volta da boca, entre o ânus e os órgãos genitais e também nas patas.

Como essas alterações de cores, na pelagem, são consideradas como defeitos devem ser combatidas com tratamentos especiais, como os indicados a seguir:

1. lambeduras - controlar esses movimentos do cão;
2. lágrimas - empregar colírios;
3. nutrição - corrigir o regime alimentar do animal.

Brisa Costa - Fêmea - Cuccioli Kennel - São Bernardo do Campo/SP

CAPÍTULO 10

ENSINO E TREINAMENTO

O Lhasa Apso pode ser considerado um cão "teimoso", como muitos cães de outras raças. Ele, no entanto, pode e precisa ser ensinado e treinado, de maneira correta, para que possa conviver com seu dono, sua família e com estranhos e para que não cause problemas como fazer suas necessidades nos locais errados, ser agressivo demasiadamente agressivo em algumas situações e para que aprenda a obedecer certos comandos de seu dono, quando necessário.

Quando escolhemos um cão de companhia, geralmente, é porque queremos um companheiro e fiel amigo, sempre procurando nos agradar e dar provas de sua amizade. Quando escolhemos um Lhasa Apso, escolhemos também um "guardião", um cão que nos dá tanta alegria, quanto nos transmite tranqüilidade e paz. Os Lhasa Apsos são animais tão impressionantes pela sua capacidade de conviver com os seres humanos, quanto pela beleza de sua pelagem.

Não devemos nos esquecer, no entanto, de que, apesar de ser o maior amigo do homem e de todas as boas qualidades que possam ter, os cães são animais que, como todos os outros, possuem fortes instintos naturais. Por essa razão, devemos orientá-los, ensinando-os e os treinando para que se adaptem, da melhor maneira possível, à vida junto aos seres humanos, especificamente, junto à sua nova família. A base desse ensino são a obediência e o aprendizado que eles devem adquirir, especialmente no caso de cães de companhia, como o Lhasa Apso, cuja convivência diária pode se tornar um pouco "complicada", caso o treinamento não seja iniciado desde cedo, como poderemos verificar neste capítulo.

Para que obtenhamos bons resultados, no entanto, são necessárias paciência e perseverança. Não devemos desanimar, mesmo que isso exija um pouco mais de trabalho, pois é desse início que vai depender toda a relação entre o cão e o seu dono, todas as pessoas que o cercam e o ambiente em que vivem.

Os objetivos desse ensino ou treinamento, não são o de dominar os cães ou quebrar o seu orgulho, a sua vontade ou o seu caráter, mas apenas o de orientá-los e ensinar-lhes algumas coisas que devem aprender para melhor se adaptarem à vida em companhia de sua família humana o que, muitas vezes, os obriga a controlar ou reprimir alguns de seus instintos ou hábitos naturais.

Devemos procurar fazer a maior aproximação possível com os cães mas, ao mesmo tempo, mostrar-lhes que nos devem reconhecer como o seu líder, por nossa autoridade e pela justiça com que os tratamos. Isso não é fácil, porque seus ancestrais, quando viviam em matilhas, tinham um só "chefe" ou líder, o respeitavam e o obedeciam, mas lutavam pela liderança ou comando do seu bando, quando percebiam que ele vacilava nas atitudes ou ficava velho.

Como os cães variam muito de temperamento, inteligência, etc., não há "receitas" ou fórmulas rígidas para ensiná-los, principalmente se levarmos em consideração que os cães se adaptam ao temperamento e aos hábitos de seu dono.

Ao ensinarmos aos cães, devemos nos lembrar sempre de que, sendo animais, determinados hábitos, para eles, não são maus, mas apenas normais ou instintivos.

Ensinar os cães, portanto, é induzi-los e acostumá-los a fazer, com agrado e boa vontade, coisas que os tornam agradáveis e úteis e, ainda, evitar que mantenham hábitos indesejáveis para a nossa convivência.

Os cães da raça Lhasa Apso são considerados cães bastante independentes, apesar de apegados ao seu dono. São inteligentes e apresentam uma boa capacidade de aprendizado, especialmente se este for iniciado desde cedo. Uma das características que normalmente precisam ser alteradas, através do treinamento, é a sua tendência natural a desconfiar de estranhos e, muitas vezes, a ficarem agressivos com pessoas que não façam parte da sua "família". Deve-se ter um cuidado especial em acostumar o Lhasa Apso com as crianças pequenas, com as quais conviva pois, seu instinto, possivelmente, o levará a atacá-las em caso de movimentos mais bruscos ou quando se sentirem ameaçados.

10.1 Ensino

O ensino dos cães começa desde cedo, quando ainda estão mamando e o criador controla o seu comportamento ao mamar e, depois, quando ensina os cãezinhos a não roubarem comida dos pratos de seus irmãos ou companheiros, dizendo NÃO, e os elogiando, dizendo MUITO BEM, etc., quando eles voltam para os seus próprios pratos.

Dessa maneira, os cãezinhos já começam a distinguir o tom da voz, quando é enérgica, zangada e de reprovação, do "NÃO" e quando é meiga, carinhosa, de aprovação ou uma forma de agradar.

Além disso, devemos nos lembrar de que os cãezinhos só devem começar a fazer passeios, depois de serem vacinados. Importante, também, é evitarmos que andem muito, porque os ligamentos das suas patas ainda são muito fracos e eles se cansam com facilidade.

10.2 Treinamento

O ensino dos cães deve começar desde cedo, mas o seu treinamento somente quando eles atingirem 8 a 9 meses de idade.

Os cães não entendem as palavras, mas apenas os sons. Por isso, os comandos devem ser dados com palavras curtas e de maneira enérgica, nas ordens; meigas nos elogios; zangadas, quando forem de repreensões e carinhosas, quando eles executaram um bom trabalho, obedecerem às ordens ou quando vão dormir.

As ordens dadas aos cães devem ser obedecidas imediatamente, sem dúvidas ou preguiça. Quando eles acertam e são elogiados, ficam com vontade de acertar, pois relacionam os acertos com os agrados.

Devemos nos lembrar sempre, de que brutalidade, gritos ou impaciência, nada resolvem e revelam, apenas, que a pessoa não tem condições ou conhecimentos para treinar cães.

10.3 Os cães não entendem as palavras

Como os cães não entendem as palavras, devemos ligá-las aos tons de voz, gestos e recompensas pois, eles associam os sons aos gestos e passam a entender melhor, os comandos que lhes são dados.

As necessidades de ensinar e de treinar são as mesmas para todos os cães, para que eles possam entender os homens e com eles conviver da melhor maneira possível, principalmente os respeitando e obedecendo às suas ordens.

É, também, muito importante que o cão sinta certa energia e firmeza no seu treinador. Além disso, esse treinamento deve se tornar uma rotina para o cão e não deve ser interrompido, até que sejam obtidos os resultados desejados.

Como os cães variam muito em relação aos seus temperamentos, sentimentos, etc., as pessoas mais indicadas para ensiná-los, seriam os seus próprios donos, que os conhecem bem. Além disso, é preciso ter paciência para ensiná-los ou adestrá-los. Não podemos ter pressa, querendo ensinar-lhes várias coisas em pouco tempo, pois eles podem ficar confusos e os resultados poderão ser desagradáveis.

O principal, no entanto, é que o cão reconheça seu dono como seu chefe ou líder. É necessário tratá-lo com energia, mas com ordens claras e com justiça, bondade e carinho, quando ele o merecer.

Essas ordens dadas ao cão vão, aos poucos, sendo substituídas por gestos, como verificaremos mais adiante.

10.4 Algumas regras

Temos, ainda, algumas regras que devem ser seguidas durante o ensino ou treinamento dos cães e a convivência com os homens.

Destacam-se, entre elas: não puni-los por alguma falta ou erro mas, ao mesmo tempo, dar-lhes oportunidade de repeti-la; estimular os cães, durante o ensino, através de elogios e até de recompensas, como guloseimas, quando o merecem, ou repreendê-los, quando for necessário.

Por mais inteligentes que sejam os cães, sua inteligência é limitada, indo até certo ponto, mas eles não deixam de "pensar" e de se comportar como animais. Por esses motivos, é necessário orientar e controlar o seu comportamento, em certos casos como, por exemplo, no caso de uma briga.

Até cães que nunca brigaram, um dia têm a sua primeira luta, pois é da sua natureza lutar. Nessa ocasião, mesmo que o seu dono o chame, o cão não o atende, pois não foge da briga, para não ficar "desmoralizado". Para separar uma briga, não adianta e não se deve bater nos cães, pois eles nem sentem as pancadas, sendo melhor jogar água no seu focinho e só tentar separá-los quando eles pararem de brigar. Quando não houver água, devemos agarrar as suas pernas traseiras e puxá-las para cima e para um dos lados, enquanto outra pessoa faz o mesmo, com o outro cão, pois isso termina com a briga. Não devemos tentar separar os cães pela frente, para evitar mordidas.

Quando dois cães que sempre foram amigos, brigam, isto acontece apenas por uma herança de seus antepassados ou de sua origem, quando os cães lutavam pela liderança dos seus bandos.

Além de saber como agir em caso de briga entre cães, devemos sempre lembrar alguns fatos sobre esses animais, relacionados à convivência com o homem e com outros animais.

Os cães consideram o homem como seu chefe e líder indiscutível e consideram alguns outros animais seus inimigos naturais como, por exemplo, os gatos. Entretanto, quando são criados juntos desde pequenos ou quando a "apresentação" entre eles for bem feita, eles podem aprender a conviver em paz ou mesmo se tornarem "grandes amigos". Conhecemos casos de cadelas que amamentaram e "adotaram" gatinhos, zelando por eles, até mesmo depois de adultos.

Devemos, ainda, evitar que os cães aprendam a abrir portas ou portões pois, se o fizerem, podem fugir para a rua ou, no mínimo, fazer alguma

Maha – Macho – 50 dias – Cuccioli Kennel – Prop. Thatiana Augusto

Nakin Thor – Macho – Cuccioli Kennel – São Bernardo do Campo/SP

Yuri e Aslan – Cuccioli Kennel – São Bernardo do Campo/SP

grande "bagunça" dentro de casa. No caso dos cães da raça Lhasa Apso, devido ao seu pequeno porte e altura, não precisamos nos preocupar com a possibilidade de aprenderem a abrir portas, pois não conseguirão alcançar as fechaduras ou maçanetas.

10.5 A palavra "NÃO"

Quando um cão ouvir a palavra NÃO, que deve ser dita, sempre, em tom enérgico ou zangado, deve parar, imediatamente, o que estiver fazendo.

Se ele, por exemplo, quando estiver roendo ou comendo alguma coisa, receber a ordem "NÃO" e continuar a fazer, pode ser "castigado". Este castigo, no entanto, deve ser apenas uma forma de mostrar o desagrado pelo o que estava fazendo e por não ter obedecido a ordem "NÃO". Podemos, por exemplo, acertar uma vez o focinho do cão com uma folha de papel comum ou jornal pois, ela não machuca e faz barulho.

Por outro lado, quando o cão obedecer prontamente a ordem "NÃO", ele deve ser "recompensado", com palavras de incentivo ("muito bem", por exemplo), para que perceba que seu dono gostou de ele ter obedecido a ordem. Podemos, também, oferecer alguma recompensa em forma de guloseima. Isso é bastante eficiente na fase em que estivermos ensinando o cãozinho a obedecer ordens. Fazendo o cão obedecer a ordem "NÃO", poderemos evitar uma série de problemas como, por exemplo, que o cão ataque e morda alguém ou que destrua alguma coisa em casa.

Os cães, neste caso os da raça Lhasa Apso, são muito inteligentes e, se não forem tratados e ensinados com a energia necessária, percebem a fraqueza ou falta de energia do seu dono e podem até mesmo dominá-lo, passando a só fazerem o que querem e até passam a ser "os donos da casa" pois, todos nela, passam a viver em função desses cães.

É necessário demonstrar-lhes o que queremos, pois eles não podem adivinhar o que devem fazer. Devemos saber, também, que os cães podem comunicar-se com os seres humanos, naturalmente, à sua maneira, bastando saber interpretá-los, para compreendê-los através da sua "linguagem".

10.6 Como tirar as "manhas" dos cães

Não devemos deixar que os cãezinhos façam, quando pequenos, por mais engraçado que seja, o que não admitiremos que façam quando maiores como, por exemplo: pular sobre as pessoas, mesmo que para agradar; correr atrás de outros animais (aves, gatos, etc.); roer objetos; deitar em poltronas, sofás, cadeiras ou camas; "roubar" comida; latir demais; "sujar" dentro de casa, etc.

Devemos dar-lhes brinquedos como bolas, ossos artificiais, etc., para que eles se acostumem a brincar e quando ficarem sozinhos em casa, tenham com o que brincar e não peguem coisas que não devem, como almofadas, tapetes, sapatos, etc., que, certamente, estragarão.

Existem ainda, alguns produtos disponíveis no mercado, que consistem em sprays que deixam no local borrifado, um odor desagradável para o cão e, normalmente, inodoro para os seres humanos. O uso desse tipo de produto visa afastar o cão de um determinado local no qual ele, por exemplo, costuma fazer, indevidamente, assuas necessidades ou no qual ele costume causar algum tipo de "destruição", como um sofá que seja mordido ou arranhado ou rasgado. Esses produtos podem auxiliar os donos no ensino de seus animais, mas seu uso deve ser utilizado com cautela pois, pode resolver um problema, mas sem que o cão, realmente, aprenda sua lição.

10.7 Como evitar que o cão arranhe a porta para entrar

Um cão pode ser colocado fora de casa, ficando no quintal, no jardim, na varanda ou na área de serviço. Muitas vezes, no entanto, ele quer entrar na casa e começa a arranhar a porta com as patas da frente, tentando abri-la ou para chamar a atenção de alguém que o deixe entrar.

Esse hábito deve ser combatido pois, além do barulho que o cão faz ao arranhar a porta, a estraga e geralmente, ainda fica chorando ou ganindo.

Para evitar que isso aconteça, quando o cão começar a arranhar, devemos abrir a porta, com energia e dar-lhes a ordem "NÃO". Se o cão voltar a arranhar, tornamos a abrir a porta, dizemos "NÃO", com mais energia ainda e com uma folha de jornal enrolada ou um papel comum, também enrolado, acertamos o focinho do cão (o que não machuca, mas assusta e faz barulho) e repetimos "NÃO". Normalmente, isso é o suficiente para que o cão não arranhe mais a porta para entrar.

10.8 Não mexer nas coisas

O filhote deve ser impedido de mexer nas coisas e de roer tudo o que encontra: móveis, tapetes, sapatos, toalhas, enfeites, almofadas, etc. O melhor é tirar do seu alcance, tudo o que for possível, até que ele seja ensinado a não mais mexer no que não deve.

Para começar o treinamento, devemos dar-lhe brinquedos especiais, para que ele tenha o que fazer, brincando e se distraindo com eles e esquecendo dos objetos da casa. Entre esses brinquedos, temos bolas especiais ou as de tênis que, rolando, o fazem persegui-las, satisfazendo o seu instinto de "caçador". Além disso, podemos dar-lhe um osso com cheiro bastante intenso (para o cão), pois isso atrai mais o animal do que qualquer outro objeto que possa encontrar.

É preciso, também, que o dono ensine ao seu cãozinho, o que é permitido e o que é proibido. Para isso, deve ensinar-lhe o significado da palavra "NÃO".

10.9 As ordens "NÃO" e "PEGA"

Cremos que sejam as mais importantes ordens dadas aos cães e que devem ser obedecidas imediatamente porque:

- a primeira, "NÃO", é uma garantia de fazer o cão parar imediatamente o que estiver fazendo, seja o que for e que não queremos que ele faça. Esta ordem poderá evitar vários acidentes como, por exemplo, quando o cãozinho estiver prestes a mexer em algo perigoso ou que possa vir a quebrar;

- a segunda, "PEGA", exatamente, é contrário da primeira, fará com que o cão pegue imediatamente o que o dono mandar, seja um objeto ou, ainda, se for o caso, "avance" em uma pessoa ou outro animal. No caso específico dos cães da raça Lhasa Apso, por se tratar de cães de companhia, de pequeno porte, esta ordem é mais importante para pegar objetos e pouco relevante para qualquer tipo de ataque.

Um bom treinamento, que sempre traz os melhores resultados é, justamente, o "NÃO" e "PEGA". Para isso, devemos proceder da seguinte maneira:

1. pegamos um objeto, de preferência já conhecido do cão, em suas brincadeiras, e o prendemos na ponta de uma cordinha de dois a três metros de comprimento;
2. fazemos o cão ficar parado e de frente para nós, mais ou menos à distância do comprimento da cordinha;
3. começamos, então, a girar a cordinha, bem devagar, fazendo com que o objeto preso a ela se movimente em círculos, passando perto de onde está o cão, que o fica acompanhando com a vista. Dizemos "NÃO", a cada passagem do objeto, um pouco mais alto do que a cabeça do animal;
4. a certa hora, damos a ordem "PEGA" e incentivamos o cão a abocanhar o objeto quando passar perto dele. Quando ele o abocanhar, paramos, damos a ordem "LARGA", elogiamos o animal e voltamos a repetir o exercício;
5. voltamos a rodar a cordinha e vamos, depois, alternando as ordens "NÃO" e "PEGA" e, ao mesmo tempo, também vamos aumentando a velocidade e a altura do objeto, em relação ao cão.

Esse exercício, além de ser muito bom para ensinar obediência ao cão, é ótimo para o seu preparo físico e para treinar sua agilidade em saltar e pegar objetos em movimento, o que o cãozinho, depois de certo tempo, faz com uma precisão extraordinária.

10.10 "PEGA" e "LARGA"

Em uma segunda etapa do exercício anterior, quando o cão já estiver bem treinado, devemos ensinar-lhe a obedecer a uma nova ordem: "LARGA". Para isso, devemos:

1. pegar o mesmo objeto utilizado no exercício anterior, jogá-lo à distância e, ao mesmo tempo, dar ao cão a ordem "PEGA". O cão obedece, vai buscá-lo e quando chega de volta com o objeto, senta-se à nossa frente;
2. neste momento, damos a ordem "LARGA" e o cão, imediatamente, solta o objeto no chão.

10.11 Andar junto ao dono

Quando desejarmos passear com o cão, é necessário ensiná-lo a andar junto, no mesmo passo ou na mesma velocidade, sem parar a toda hora. Para isso, devemos treiná-lo da seguinte maneira:

1. fazer o cão andar, sempre, do nosso lado esquerdo e na mesma direção;
2. quando ele se afastar, batemos com a mão na nossa esquerda e, ao mesmo tempo, damos a ordem "JUNTO";
3. devemos andar sempre, mais ou menos, no mesmo passo que o cão, não o deixando avançar ou atrasar, para o que puxamos sua guia;
4. nas primeiras aulas, devemos andar somente em linha reta e, depois nas aulas seguintes, em diversas direções;
5. as aulas devem ter uma duração de 10 a 20 minutos, pois não devemos cansar muito o animal;
6. nunca bater no cão, com a guia, para que ele não associe a guia a um castigo;
7. devemos, ainda, elogiar e até acariciar o cãozinho, sempre que ele fizer bons exercícios;

8. só "castigar" em caso de desobediência repetida, mas nunca uma punição física, pois devemos somente "ralhar" com o animal e, ainda, mostrarmos que estamos muito "chateados" ou "aborrecidos" com ele;
9. quando ele fizer algo errado, devemos dizer-lhe, energicamente, "NÃO" e quando o merecer, devemos agradar-lhe com um "MUITO BEM".

Quando o cão já anda normalmente ao nosso lado, sem a necessidade de puxões na guia, isso indica que ele já pode ser treinado sem ela. O melhor é, no primeiro dia de treinamento, mantê-lo na guia mas, durante a caminhada, soltá-la, sem que ele o perceba, mas sempre andando e dando as ordens. Não havendo problemas, podemos continuar os exercícios sem a guia mas, se necessário, basta prendê-lo outra vez e retomar os exercícios.

Durante as "aulas", devemos conversar com o cão, para que haja uma maior interação entre ele e nós mas, ao mesmo tempo, devemos manter a guia esticada, mas sem forçá-la, para que possamos puxá-la com rapidez, se for necessário.

10.12 Sentar

É um treinamento muito fácil. Basta, com o cão parado, fazer o seguinte:

1. com uma das mãos, puxamos a guia para cima;
2. com a outra mão, fazermos uma pressão para baixo, sobre a anca ou a garupa do cão e ficamos, assim, mantendo-o sentado;
3. se ele tentar se levantar, nós o forçamos a permanecer sentado, sempre com a ordem "SENTA" e o elogiamos, se ele obedecer. Sempre que tivermos que forçar a anca do cãozinho, para que ele sente, este movimento deve ser acompanhado da ordem "SENTA".

10.13 Deitar

Para obtermos os resultados desejados, devemos:

1. obrigar o cão a sentar-se;
2. pegando seus membros anteriores, os levantamos e os esticamos um pouco para frente e os colocamos no chão;
3. a seguir, devemos fazer uma pressão para baixo, sobre sua cernelha (costas);
4. damos a ordem "DEITA" e o obrigamos a permanecer nessa posição, até receber uma nova ordem.

Outra maneira de fazer o cão deitar é, com uma das mãos, pegar a guia, junto à coleira, forçá-la para baixo e ao mesmo tempo, com a outra mão, forçar o seu corpo, também para baixo.

Com algumas aulas, ele passará a obedecer e deitará, imediatamente, se receber a ordem para isso e ficará deitado, mesmo que saiamos de perto dele e até receber uma nova ordem para se levantar.

10.14 Vir até onde está o dono

Quando for chamado, o cão deve obedecer imediatamente à ordem "AQUI" e vir correndo, diretamente na direção do seu dono, não parando para nada. Para que ele o faça de boa vontade, no entanto, é necessário que, ao chegar, no princípio do treinamento, receba agrados, elogios e até guloseimas, mesmo que ele não obedeça exatamente como deveria. As falhas, deverão ser corrigidas durante as aulas, pois o cão sabe que vai ser "agradado" no princípio de todas elas.

Se necessário, nas primeiras aulas, o cão pode ser preso a uma guia longa, de 10 ou 20 metros de comprimento, para ser puxada quando o cão não obedecer imediatamente a ordem "AQUI" e não vier correndo para o seu dono.

Ao chegar, o cão tem que sentar-se em frente ao treinador e assim permanecer, até receber nova ordem, em geral, "JUNTO", para ele se colocar sentado do lado esquerdo.

Quando o cão não vier, atendendo ao chamado, nunca devemos ir até onde ele está ou dele nos aproximarmos. Temos sempre que obrigá-lo a obedecer ou puxá-lo com a guia.

O cão pode ser treinado, da mesma forma, para atender ao chamado do dono, por um assovio ou até por um apito. Entretanto, este não é um procedimento muito utilizado para pequenos cães de companhia, como o Lhasa Apso.

10.15 Parar de latir

Devemos ensinar o cãozinho a parar de latir ou a calar-se, ficando quieto, quando o desejarmos ou em caso de necessidade (se o cão começar a latir em horário inapropriado). Para isso, usamos a ordem "QUIETO".

O seu treinamento consiste em mandar o cão latir e depois, dar o comando "QUIETO", para ele se calar. Repetindo várias vezes, ele aprende logo a lição. Como o fazemos para ensiná-lo qualquer outro comando, o cão deve receber elogios, carinhos e até mesmo guloseimas, quando obedecer prontamente à ordem dada.

10.16 Recusar comida achada ou oferecida por estranhos

Este treinamento costuma ser muito utilizado para cães de guarda, não sendo o caso do Lhasa Apso. Entretanto, muitas pessoas que possuem este cão, moram em casas e estão sujeitas a que pessoas estranhas, que passem pela rua, ofereçam comida inapropriada ou mesmo, deliberadamente, envenenada. Por este motivo, acreditamos ser importante ensinar ao Lhasa Apso a recusar comida achada ou oferecida por estranhos.

A primeira providência para isso é ensinar ao cão, desde pequeno, a só comer no seu prato e sempre no mesmo horário. O melhor, também, é não colocar o prato no chão, mas sobre um apoio qualquer, como um pequeno banquinho ou um suporte de qualquer tipo e sempre no mesmo lugar. O cão não deve, também, ficar em volta da mesa na hora das refeições ou andando pela cozinha, recebendo pedaços de comida, doces, pães, etc., ou os catando no chão, pois isso atrapalha completamente o seu treinamento.

Além disso, quando o cão estiver acostumado a comer a qualquer hora, quando estiver com fome, provavelmente passará até a roubar alimentos porque, para ele, catar migalhas no chão ou tirar um assado inteiro da mesa, é a mesma coisa.

Para ensiná-lo a não comer o que encontra ou o que lhe é dado por estranhos, devemos segurá-lo na guia e pedir a um estranho que lhe jogue um pedaço de carne ou uma guloseima. Quando o cãozinho tentar abocanhá-la, dizer "NÃO", com toda a energia. Se ele insistir, devemos dar-lhe um forte puxão com a guia, para que sinta a força do nosso comando e, ao mesmo tempo, repetir-lhe "NÃO".

Depois de repetir essa lição, o cão não tenta mais comer a carne. Quando isso acontecer, passamos à segunda etapa do treinamento. Ela consiste em, sem que o cão o perceba, colocar um pedaço de carne ou guloseima em um lugar qualquer em que costumamos ficar com ele como, por exemplo, uma praça ou um jardim e depois o soltamos.

Logo que ele a descobrir e tentar comê-la, dizemos "NÃO", com energia e embora ele não a toque, ficará perto da carne. Chegamos, então, perto dele, mandamos que deite, apontamos para a carne e repetimos "NÃO". Depois, vamos nos afastando devagar e de longe continuamos a vigiá-lo, para ordenar-lhe novamente, se necessário, com a palavra "NÃO".

Outra etapa neste treinamento é ordenar-lhe "FIQUE LÁ" e nos afastarmos saindo, inclusive, da vista do cão, mas ficando escondidos para vigiá-lo.

Para completar o seu treinamento, devemos espalhar as mais variadas comidas, em diferentes lugares, sempre vigiando o cão para ordenar-lhe "NÃO", quando tentar comer alguma delas. Repetir a lição, quantas vezes forem necessárias, até que ele não mais tente comer as coisas que encontra.

Quando, no entanto, o cão não quer aprender, não obedece às ordens e pega as comidas que encontra, podemos adotar outro método que é o das **iscas com gostos desagradáveis** para ele como, por exemplo, a pimenta.

O cão ensinado a só comer comida dada por seu dono ou em sua casa, poderá se livrar de sofrimentos e até da morte, por envenenamentos causados por alimentos estragados que encontre ou por iscas envenenadas que lhe poderão ser oferecidas por pessoas que, por algum motivo, dele queiram se livrar.

Brian – Macho – 4 meses – Cuccioli Kennel – Prop. Thatiana Augusto

CAPÍTULO 11

TIBET – O PAÍS DE ORIGEM DO LHASA APSO

Esse país fica localizado em um planalto no continente asiático e a mais ou menos 4.000 (quatro mil) metros de altitude. Sua fronteira ao Norte é o monte Kulum Shan, montanha de cerca de 7500 metros de altitude máxima. Ao Sul e ao Leste, seus limites são o Himalaia.

O clima da região é frio e árido. Suas terras são cobertas, em parte, por uma vegetação rasteira e, em parte, por terras áridas e descobertas, desérticas e sem nenhuma cobertura vegetal. Somente nos vales, existem algumas poucas e pequenas áreas agricultáveis.

A região na qual se originou o Lhasa Apso, é uma das zonas mais adversas do planeta Terra, para o aparecimento, a criação e o desenvolvimento de animais domésticos, principalmente dos que pertencem às espécies de pequeno porte e de tamanho bastante reduzido, como é o caso dos cãezinhos da raça Lhasa Apso.

Além das péssimas condições dos terrenos da maior parte desse país, existe ainda um problema muito mais sério, que é o fato de a atmosfera nesses locais, ser tão rarefeita, devido à sua baixa taxa de oxigênio nessas grandes altitudes. Essa condição atmosférica traz problemas, não só para as pessoas, mas também para os animais.

Pela descrição das condições que o Lhasa Apso encontra em seu país de origem, podemos concluir que, apesar de seu tamanho reduzido e da sua frágil aparência, trata-se de um cão com boa resistência orgânica, desenvolvida através dos séculos e da adaptação ao ambiente em que ele se encontrava.

11.1 Os cães no Tibet

Os cães sempre foram animais muito comuns no Tibet e estimados pelos habitantes, que criavam animais com as mais diversas características, ou seja:

- cães grandes e médios – empregados como cães de guarda, de caça e para pastoreio;
- cães pequenos – utilizados para companhia e como cães de alarme, protegendo os seus donos de ataques, roubos, etc.

Como esses cães não recebiam, praticamente, nenhuma assistência por parte dos seus donos, os ataques por doenças e a mortalidade atingiam índices bastante elevados.

O calor e o frio, além das chuvas, do granizo e da neve, eram grandes inimigos desses cães, como também o eram as doenças orgânicas, infecciosas e parasitárias, além das viroses que os atacavam, causando um grande número de baixas, entre a população canina, não só no Tibet, mas também em todas as regiões do mundo.

11.2 Capacidade de adaptação ao meio ambiente

Os cães que vivem nas regiões frias, quaisquer que sejam suas altitudes, como no Tibet, por exemplo, devem ser capazes de se adaptar ao frio, de forma eficiente, mantendo o seu calor corporal elevado. Para isso, devem apresentar as seguintes características:

1. os dois pulmões bem desenvolvidos e com áreas bem extensas, para que a sua capacidade pulmonar ou de respiração seja bem elevada;
2. o corpo formado por uma "boa" camada de músculos, para que ele possa compensar as baixas percentagens de oxigênio existentes nessas regiões elevadas e frias;

3. uma elevada percentagem de gordura espalhada por todo o seu organismo;
4. pouca massa óssea;
5. exterior, ou seja, a superfície do corpo, a menor possível;
6. a maior massa corporal, possível, desde que normal;
7. corpo compacto;
8. pernas bem curtas;
9. seu corpo deve ser bem protegido das radiações solares, por uma espessa e compacta camada de pêlos e outra de sub-pêlos;
10. seus membros, principalmente os posteriores, devem ser e o são, na realidade, muito fortes e resistentes, permitindo que eles se movimentem muito bem e com relativa facilidade, pelos terrenos muito acidentados e em geral, bastante íngremes.

Analisando a sua capacidade de movimentação, pode ser verificado facilmente, que o Lhasa Apso é mais forte do que ágil e que ele possui um grande poder de impulsão, propriedade essa que lhe possibilita dar saltos bem elevados e por esse motivo, atingir grandes altitudes, escalando montanhas muito íngremes. Porém, por mais que se esforce, para correr, sua velocidade máxima é relativamente bem pequena, comparada à atingida por cães de outras raças, como as dos Galgos, que são cães de corrida e que até as disputam em "canódromos", em várias partes do mundo.

Naya – Fêmea – 30 meses – Cuccioli Kennel – Prop. Thatiana Augusto

Capítulo 12

Aumento da população de cães Lhasa Apso no Brasil e no mundo

O número de cães da raça Lhasa Apso vem crescendo, de maneira extraordinária, nos últimos anos, não só no Brasil, como em todo o mundo. Devido ao aumento da demanda por cãezinhos pequenos e peludos, muitos criadores que se dedicavam à criação de outras raças de porte médio ou grande, passaram a criar várias raças de cãezinhos e, entre elas, devido às suas características, o Lhasa Apso.

O crescimento no número de cães dessa raça se deu, em maior escala, nas grandes cidades, pelos seguintes motivos:

- eles exigem um espaço bastante pequeno para viverem e se exercitarem;
- sua alimentação requer pequeno volume ou quantidade de rações;
- são fáceis de serem levados ou mesmo mantidos, por um longo tempo nos braços ou no colo das pessoas a ele achegadas como o seu dono e as que com ele convivem na mesma casa;
- os gastos com a sua manutenção, principalmente com a sua ração alimentar, devido ao seu pequeno tamanho, são bem menores, se comparados ao custo da alimentação de cães de médio ou de grande portes;
- as suas características, ou melhor, as suas qualidades, o tornam, realmente, um dos cães que melhor se adaptam como cães de companhia

ou estimação, além de outros que possuem, também, essas características, totalmente ou em parte, como, por exemplo: o Shi-Tzu, o Yorkshire e o Maltês.

12.1 A influência da moda no aumento da população de Lhasas

Além dos motivos acima mencionados, que explicam o porquê do grande crescimento dessa raça no Brasil e no mundo, não podemos menosprezar a grande influência da moda na criação e comercialização de animais de estimação. A força da moda na composição do mercado de filhotes sempre foi uma das mais importantes razões para a ascensão e a queda de raças tão conhecidas no passado que, apesar de ainda serem criadas nos dias de hoje, não chegam a ter a metade dos representantes que existiam, quando estavam na moda.

Podemos citar alguns exemplos de raças que já tiveram fases "de ouro" no passado como, por exemplo, Dálmata, Bull Dog e Dobermann.

No Brasil, atualmente, devido à força da moda e da grande demanda, muitos criadores de outras raças de pequeno porte, passaram a criar cães da raça Lhasa Apso. Por esse motivo, um número expressivo de criadores de Poodles e de Beagles, entre outros, passaram a criar Lhasas.

Os meios de comunicação em massa, também apresentam uma força bastante significante na influência sobre a moda. Filmes de grande bilheteria como, por exemplo, 101 Dálmatas, dos estúdios de Walt Disney, no passado, foram responsáveis pelo aumento da demanda por cães da raça Dálmata. Atualmente, muitos filmes e novelas mostram cãezinhos Lhasa Apso como animais de estimação, influenciando, ainda mais, as forças da moda, que tanto têm impulsionado o crescimento da população dos cães da raça Lhasa Apso.

CAPÍTULO 13

O LHASA APSO NO BRASIL

O plantel de Lhasas Apsos, no Brasil, vem aumentando muito e de maneira bastante rápida, devido à sua grande aceitação por parte dos criadores e pelas pessoas que gostam de cães, no presente caso, principalmente de cães de estimação e de companhia. O Lhasa Apso é um dos cães com maior número de registros em todo o País.

Em virtude deste "estouro", em relação ao desenvolvimento da sua criação, como ocorre também na criação dos animais de outras raças e espécies, o controle dos acasalamentos tornou-se muito mais difícil e até mesmo precário, devido à falta de planejamento, inclusive com a entrada em reprodução de cães com sérios defeitos físicos ou de temperamento.

Por esse motivo, hoje em dia, o plantel brasileiro é formado, também, por muitos cães Lhasas Apsos agressivos, comportamento este que não faz parte das características de um verdadeiro cão Lhasa Apso.

No Brasil, esta raça passou a ocupar uma posição entre as dez mais, com registros oficiais e, em conseqüência, também passou a ser uma das raças com maiores problemas em relação aos animais vendidos sem pedigree, pois existem muitos criadores que comercializam cães que não apresentam o padrão oficial da raça e, muitas vezes, são até mesmo resultados de cruzamentos com cães mestiços ou de outras raças.

13.1 Qualidade ou padrão do Lhasa Apso no Brasil

O plantel brasileiro de cães da raça Lhasa Apso, de um modo geral, ainda não alcançou o padrão ou nível zootécnico desejado pelos criadores, técnicos e apreciadores desta raça, apesar do grande número de criadores sérios e idôneos, que somente criam animais com origem comprovada.

Isso ocorre, porque os Lhasas Apsos, no Brasil, além das suas características positivas apresentam, também, alguns defeitos, muitos dos quais bastante graves e que desqualificam os cães que os possuem. Entretanto, muitos criadores, por desconhecimento, ou apenas por ganância, acabam criando e vendendo animais (sem pedigree), com graves defeitos em relação ao padrão oficial da raça.

Quando o número de cães de uma mesma raça aumenta rapidamente, devido à sua grande aceitação isso, não há a menor sombra de dúvida, causa um sério problema, ou melhor, um grande inconveniente, pois muitos criadores, tendo mercado para vender os seus cães, aceleram a sua reprodução, para que possam "faturar" muito mais, em menor tempo, com as vendas dos filhotes que, praticamente, vão sendo produzidos "em série".

O resultado desse comportamento, adotado por muitos criadores, é que as características genéticas e raciais dos cães submetidos a esse regime ou a essa técnica acelerada de reprodução, vão se deteriorando e o nível zootécnico dos animais decai muito, o que os desvaloriza, não só para a comercialização mas, principalmente, para a reprodução.

Até há uns poucos anos, o nível zootécnico ou a qualidade da grande maioria dos Lhasas Apsos, no Brasil, era bastante elevada mas, pelos motivos expostos anteriormente, no presente capítulo, esse nível ou padrão decaiu bastante, embora ainda exista uma grande porcentagem desses cães, que vem mantendo um elevado padrão e se reproduzindo, transmitindo-o aos seus descendentes ou filhos.

Para que, não só a Lhasa Apso, mas também qualquer outra raça mantenha o seu padrão racial elevado e até o aprimore, a primeira providência a ser tomada, é fazer com que os criadores saibam, da maneira mais correta e completa possível, quais são as características desejadas, ou seja, conheçam muito bem quais são as exigências inseridas no padrão oficial dessa raça canina.

13.2 Algumas características que devem ser evitadas

1. tamanho acima ou maior do que o indicado pelo padrão oficial da raça;
2. corpo quadrado e não retangular, que é o exigido, por ser o tipo correto. Por esse motivo, o seu corpo deve ter o comprimento maior do que a sua altura;
3. focinho muito comprido, ultrapassando os 4 (quatro) centímetros, que é a medida indicada pelo padrão oficial da sua raça;
4. defeitos na sua movimentação ou andar como, por exemplo, levantar muito os seus membros traseiros, quando andam;
5. temperamento anormal, por apresentarem certa agressividade, cujo grau pode ser bem variado. Esse defeito está se tornando tão comum, que muitas pessoas já acreditam que o Lhasa Apso é uma raça canina composta por cães agressivos, o que não é verdadeiro.

Para evitar o nascimento de cães agressivos, a providência a ser tomada pelos criadores, é descartar da reprodução, todos os cães que apresentam sintomas de agressividade, por menor que seja a intensidade ou grau desse desvio de personalidade, pois esse problema é de fundo genético ou hereditário.

É aconselhável e indispensável, mesmo, que os criadores só coloquem na reprodução, cães Lhasas Apsos que sejam PO (puros de origem) e que possuam pedigree, para comprovar essa sua pureza de raça e a dos seus filhos, que nascerem desses acasalamentos controlados. Nenhum cão, macho ou fêmea, deve entrar em reprodução, sem possuir pedigree, pois é este a prova oficial da pureza da sua raça.

Um fator da máxima importância, para manter um alto nível, em qualquer criação, é só adquirir cães de criadores, de Pet Shops ou de qualquer outro intermediário, cuja legitimidade e conceito sejam os melhores possíveis, sendo reconhecidamente idôneos e da máxima confiança.

Sadhu - macho - 12 meses
Jovem campeão - Cuccioli Kennel

Danna - fêmea - 15 meses - Campeã
Brasileira e Panamericana - Cuccioli Kennel

Competição Oficial

Capítulo 14

Período de crescimento

O filhote, logo depois de desmamado ou quando está com 45 ou 60 dias de idade, deve ser examinado por um médico veterinário, pois está na época de começar a fase de vermifugação e vacinação.

Esse período é de grande importância para a vida, o desenvolvimento e o futuro dos cães. É, também, o que acarreta maiores preocupações, porque os filhotes, antes da desmama, têm a cadela que cuida da sua saúde, lhes dá todo o carinho de que tanto necessitam, protege-os de todos os perigos, dá-lhes o seu melhor alimento, ou seja, o leite materno e ainda lhes transmite uma certa proteção ou resistência imunológica contra algumas doenças.

A partir da desmama, no entanto, eles passam a depender somente do seu dono para alimentá-los, tratá-los, protegê-los contra as doenças, defendê-los de outros animais e ainda, para proporcionar-lhes o carinho de que tanto necessitam, principalmente nessa fase da sua vida.

Além dessas responsabilidades, devemos nos preocupar e muito, com o ensino e o treinamento desses cãezinhos, pois são indispensáveis para que eles cresçam sadios, bem educados e obedientes, trazendo grandes alegrias aos seus donos.

O seu período de crescimento e de desenvolvimento vai desde a desmama até à fase adulta, quando eles têm completada a calcificação dos seus ossos, o que nos cães da raça Lhasa Apso, ocorre, geralmente, entre os 10 e 12 meses de idade. Durante essa fase, em geral, multiplicam o seu peso de 3 a 6 vezes.

14.1 Controle de peso

A pesagem, para controlar a saúde, o crescimento e o desenvolvimento dos filhotes, deve ser feita com regularidade porque, quando verificamos que não há aumento de peso ou que ele é muito pequeno, isso indica que a sua alimentação não está sendo adequada e que eles não estão sendo alimentados de maneira satisfatória. Isso indica que, ou a alimentação é fornecida em quantidade insuficiente, ou sua composição nutritiva é fraca e não atende às necessidades alimentícias dos cãezinhos.

Através do controle do peso podemos, ainda, suspeitar de possíveis problemas de saúde pois, se o animal está sendo bem alimentado e mesmo assim não apresenta o ganho de peso normal para esta fase da sua vida, isto indica que pode haver algum outro problema, que deverá ser analisado por um médico veterinário. Normalmente, o que causa o pouco ganho de peso são as verminoses, muito comuns em filhotes.

Uma alimentação insuficiente ou inadequada, pode ser a causa predisponente de doenças, não só da nutrição mas, também, as infecciosas, parasitárias ou orgânicas.

Outra vantagem que o controle do peso apresenta, é permitir que seja avaliada, também, a uniformidade no crescimento e no desenvolvimento da ninhada.

14.2 Mudança de dentes

A troca dos dentes de leite, pelos definitivos, começa a ser feita quando os filhotes estão com 3,5 meses e termina, normalmente, quando eles estão com 6 meses de idade. É muito importante que, nesse período, os dentes do cãozinho sejam examinados diariamente porque, às vezes, nascem os dentes definitivos, antes mesmo de caírem os dentes de leite. Quando isso ocorre, o cão pode até ficar com uma dentadura dupla, o que lhe causa grandes problemas, dificultando a sua mastigação e, em conseqüência, a sua alimentação.

Esse problema afeta, principalmente, os dentes caninos ou presas que, aos 6 meses, já atingiram o seu tamanho máximo. Quando os dentes de leite não caem normalmente, devem ser extraídos. A higiene bucal deve ser feita com dentifrícios especiais para cães, através de escovação, com escovas especiais para o tamanho de cada raça.

Naya e Brian - 4 e 30 meses - Cuccioli Kennel - Prop. Thatiana Augusto

Sadhu – macho – 8 meses – Jovem Campeão – Cuccioli Kennel

Electra – fêmea – Campeã Mundial – 60 meses – Cuccioli Kennel

Manya – fêmea – Grande Campeã Brasileira – 8 meses – Cuccioli Kennel

Capítulo 15

Reprodução e criação do Lhasa Apso

Para termos uma boa criação de cães, neste caso, da raça Lhasa Apso, ela deve se basear em:

1. bons reprodutores, machos e fêmeas;
2. boa alimentação;
3. instalações adequadas e
4. bom manejo.

Além disso, devemos escolher reprodutores, machos e fêmeas, que possuam características que concorram para que os resultados dos cruzamentos atinjam um elevado nível, dentro do padrão da raça.

Devemos nos certificar, também, de que eles não possam transmitir alguma doença, mais ou menos comum à raça, para o que existem exames especiais para o seu diagnóstico, bem como para doenças venéreas, inclusive brucelose, através de testes sorológicos.

15.1 Escolha dos machos ou padreadores

É de grande importância, porque eles irão transmitir aos filhotes as suas boas ou más características. Deles depende, portanto, em grande parte, o sucesso da criação, como verificaremos mais adiante.

Para entrarem em reprodução, os machos devem ser puros e terem todos os órgãos genitais perfeitos e todo o seu aparelho reprodutor funcionando normalmente. Além disso, devem apresentar uma série de características, entre as quais: serem sadios, rústicos, precoces, bem conformados, vivos, fortes, vigorosos, de constituição robusta, ágeis e impetuosos. Não devem ser muito gordos, mas bem musculosos. Não devem apresentar pus, corrimentos ou calombos pelo corpo. Devem ter o focinho úmido e os pêlos de acordo com o padrão oficial da raça, sendo lisos e brilhantes. Não devem ser muito jovens nem muito velhos, para que possam ser utilizados com o máximo de aproveitamento, durante mais tempo, e serem livres de defeitos genéticos, além de possuir acentuadas características sexuais e raciais. É de grande importância que sejam conhecidas as características dos seus ascendentes (pais e avós), pois maiores serão as possibilidades de seus filhotes corresponderem ao desejado.

Para que haja uma boa seleção dos reprodutores, é necessários que eles sejam identificados por um nome ou um número e que exista um controle da sua vida, das suas coberturas, da sua ascendência, descendência, etc.

15.2 Seleção das fêmeas ou matrizes

As características desejadas nas cadelas, para que sejam boas matrizes ou reprodutoras, são:

- serem sadias, vivas e não muito gordas;
- terem o focinho úmido e os pêlos de acordo com os padrões da raça;
- não serem muito jovens nem muito velhas, para que possam ser aproveitadas durante mais tempo;
- terem linhas finas, serem bem conformadas e compridas;
- apresentarem o seu terço posterior mais desenvolvido;
- serem mansas e calmas.

É indispensável, no entanto, que sejam fecundas, férteis, prolíficas e boas criadeiras, além de possuírem uma boa capacidade leiteira, pois essas características são de grande importância e fatores de sucesso na reprodução dos cães.

As cadelas que não produzirem leite durante 30 a 35 dias devem ser descartadas da reprodução.

As fêmeas entram em reprodução mais cedo do que os machos mas, em compensação, terminam sua missão, também mais cedo, porque as gestações e lactações sucessivas desgastam muito o seu organismo.

As primeiras coberturas e as crias obtidas, já dão uma boa orientação sobre as qualidades das fêmeas, como reprodutoras e criadeiras. Quando elas não produzem filhotes fortes, sadios, de bom tamanho, peso e em número satisfatório, ou quando a mortalidade dos filhotes é elevada ou eles são fracos e não atingem um bom desenvolvimento na desmama, elas devem ser eliminadas da reprodução, porque isso revela que são más criadeiras ou más reprodutoras.

As boas cadelas da raça Lhasa Apso dão, com facilidade, 2 partos por ano, variando o número de filhotes, por parto, sendo, em geral, de 4 a 6 filhotes, mas podendo chegar, raramente, a 8 ou mais.

Seguindo essa orientação, o criador já tem uma boa base para adquirir os reprodutores, o que só deve fazer, no entanto, de criadores competentes, idôneos ou em casas especializadas, de confiança, e com a exigência do pedigree.

15.3 Idade para a reprodução

Os cães já podem se reproduzir quando atingem a puberdade, o que ocorre quando estão com 6 a 10 meses de idade, quando as cadelas têm o seu primeiro cio e os machos já produzem espermatozóides. Não aconselhamos, no entanto a sua reprodução com essas idades, porque ainda são muito novos e terão o seu desenvolvimento prejudicado com o desgaste da reprodução, principalmente as cadelas, que terão de suportar gestações e lactações sucessivas, o que lhes provoca um grande desgaste físico, principalmente quando as ninhadas forem grandes.

O melhor é realizar o primeiro acasalamento quando a fêmea tiver o seu segundo cio. Além disso, as cadelas muito novas ainda não possuem o instinto maternal desenvolvido e nem sempre cuidam dos seus filhotes como deviam normalmente, podendo até abandonar as suas crias.

Para obter os melhores resultados, o criador deve possuir somente reprodutores selecionados, de elevado padrão, tanto machos quanto fêmeas, além de controlar todas as etapas da reprodução de seus cães, pois isso é indispensável para que obtenha bons animais e os melhores resultados econômicos, quando sua criação é comercial.

15.4 Ciclo estral ou sexual da cadela

Como as outras fêmeas mamíferas, a cadela possui um ciclo estral que se repete, em média, duas vezes ao ano, ou seja de 6 em 6 meses e que tem as seguintes fases:

1ª. proestro, cuja duração é de nove dias e durante a qual a cadela apresenta a vulva inchada, perda de sangue ou menstruação e atração pelo macho;

2ª. estro ou cio, durando, também, nove dias. O sangue pára e a cadela, não só aceita, mas procura o macho para o acasalamento. A ovulação ocorre nos dois ou três primeiros dias dessa fase;

3ª. metaestro, que é a fase de regressão e sua duração é variável, de mais ou menos três meses;

4ª. anestro é o período ou a fase de repouso ou inatividade dos ovários e sua duração é de dois meses, terminando quando se inicia o novo ciclo estral.

Na prática, a fase mais importante para o criador e a mais esperada, é o estro ou cio, porque é o período fértil, no qual são realizados os acasalamentos, que devem ser efetuados dois a três dias após o término da hemorragia, ou seja, onze a doze dias do início da perda de sangue. A duração média do cio é de nove dias, mas pode variar de cinco a doze dias, de acordo com o tamanho ou a raça da cadela.

15.5 O cio

É na puberdade que aparece o primeiro cio. Quanto menor a raça ou variedade da cadela, mais cedo ela tem o seu primeiro cio. Nas cadelas da raça Lhasa Apso, ele ocorre, geralmente, entre os 6 e 10 meses de idade, se repete duas vezes ao ano, durando, em média, nove dias, embora, como já o mencionamos, possa ir de cinco a doze dias. É nessa fase que ocorre a ovulação, provavelmente no segundo ou no terceiro dias desse período.

Por ser a fase mais importante para o criador, pois é nela que são realizados os acasalamentos, dois a três dias após o término da hemorragia, é muito importante que saibamos, exatamente, quando termina a fase da perda de sangue.

Para verificar quando termina a hemorragia, basta fazer a cadela dormir sobre um lençol branco ou claro, pois todas as noites ele ficará "sujo" de sangue. No primeiro dia em que ele amanhecer limpo, é sinal de que a hemorragia já parou. Basta, então, contar onze ou doze dias do início do "sangue", para fazer o acasalamento.

Uma alimentação má ou defeituosa, muito abundante ou afrodisíaca, a consangüinidade, distúrbios glandulares, etc., podem provocar a diminuição ou até mesmo a ausência do cio.

Algumas doenças, quistos ovarianos, etc., podem provocar um cio permanente nas fêmeas que, por isso, são denominadas ninfômanas. Há cadelas que têm problemas de inflamação no útero (metrite) e que, em conseqüência, sua menstruação tem uma duração anormal.

Não deixar as fêmeas engordarem muito é importante porque, as muito gordas, dificilmente engravidam e o excesso de gordura torna o parto difícil, trazendo grandes sofrimentos para a cadela.

15.6 Preparando para o acasalamento

Como se trata de um ato sexual normal e indispensável para que haja a reprodução natural ele, em geral, se realiza normalmente. No caso, porém, de a cadela e o cão serem virgens, ele pode se tornar difícil e até mesmo nem se realizar. Nessas circunstâncias, a pessoa que está acompanhando ou vigiando o casal, deve intervir, ajudando para que o acasalamento se realize.

Na maioria das vezes, isso ocorre devido a dificuldade de fazer com que o macho "acerte" a vulva da cadela, para que o seu pênis nela penetre, realizando-se assim, o acasalamento.

O melhor, quando se tratar de um macho novo, é juntar a ele uma cadela que esteja entrando no cio, para que haja mais tempo para ser feito um maior número de tentativas de acasalamento e ele possa se realizar, antes do fim do período de ovulação da cadela.

Devemos, no entanto, tomar alguns cuidados antes de juntarmos o casal para a cobertura, como:

- não acasalar cadelas no seu primeiro cio, mas somente do segundo ou terceiro cios, em diante;
- só acasalar machos, depois de um ano de idade;
- quando não são mais ou menos da mesma idade, o melhor é acasalar uma cadela mais velha e experiente, com um macho mais novo, ou então, uma fêmea nova, jovem e especialmente quando é virgem, com um macho mais velho e com muita experiência.

Devemos, também, acasalar somente cães em perfeitas condições de saúde, livres de parasitas externos ou internos (vermes), vacinados e com todos os órgãos genitais perfeitos.

O acasalamento deve se realizar em ambiente isolado, sossegado e de preferência, na presença de uma única pessoa, para controlá-lo. Para que se realize, tanto a fêmea pode ser levada ao macho, quanto este à cadela.

15.7 Ritual do acasalamento

Para a realização do acasalamento, devemos proceder da seguinte maneira, quando o macho e a fêmea vão se ver pela primeira vez, ao serem colocados juntos:

- uma pessoa segura o cão e uma outra a cadela, mantendo-os separados, a uma certa distância um do outro, pela guia, para que eles se vejam e para que possam ser observadas as suas reações em relação um ao outro;
- quando um deles tenta avançar sobre o outro, deve ser acalmado com palavras;
- aos poucos, deixar que os dois se aproximem um do outro, até que lhes seja permitido que se cheirem;
- caso comecem a abanar a cauda e não demonstrem sinais de agressividade, as guias podem ser afrouxadas para que se reconheçam melhor, o que fazem, cheirando, principalmente as regiões anal e genital do seu parceiro;
- não havendo nenhuma reação de um ou de ambos os animais, eles podem ser soltos, à vontade, livres para o acasalamento que, quando a fêmea está no cio e o macho é normal, será realizado sem problemas;
- terminado o ato sexual, os animais se separam normalmente e devem ser colocados isolados um do outro pois, somente uma cobertura é suficiente para que haja a fecundação e a cadela entre em gestação. Caso, no entanto, o criador queira repetir o acasalamento, "para garantir", basta juntar o casal uma ou duas vezes mais, nos dias seguintes, pois a cadela ainda receberá o macho, por mais uns cinco a sete dias.

Depois do acasalamento e terminado o cio, a cadela volta à sua vida normal. Não há necessidade de alterar os seus hábitos nem a sua alimentação, até ficar comprovado que ela entrou em gestação.

No caso de canis, o ideal seria cobrir duas ou mais cadelas, no mesmo dia, para que fosse possível, se necessário, passar filhotes excedentes de umas para outras, com poucos filhotes e que serviriam de amas-de-leite para os que lhes fossem confiados.

15.8 O acasalamento

É o ato realizado entre animais de sexos diferentes e tem, como objetivo, a fecundação dos óvulos pelos espermatozóides ejaculados pelo macho, dentro da vagina da fêmea. Sem fecundação não há reprodução.

O acasalamento, como já o mencionamos, deve ocorrer na presença do criador, não só para que ele comprove a sua realização mas, também, para que possa intervir, se necessário. Ele acontece devido à atração sexual que o macho sente pela fêmea e esta por ele, atração esta estimulada pelos hormônios sexuais que, na fêmea, provocam, o seu "cheiro" típico, quando ela está no cio e que atrai os machos, até a longas distâncias.

Deve ser realizado no 11º, 12º ou até 16º dias após haver "parado o sangue" da cadela, o que varia um pouco, pois o melhor dia está nesse período, não havendo um dia certo, como o melhor para a cadela enxertar.

Os melhores dias são aqueles em que a cadela aceita o macho com maior facilidade, o procura e até monta nele ou em outras cadelas, "anunciando", assim, que está em pleno cio.

Um sinal típico e importante, porque significa que a cadela está no cio e bastante excitada, é que ela desvia a cauda para um dos lados, deixando livre a sua vulva, quando um macho ou mesmo uma cadela chega perto dela ou tenta montá-la.

Para maior garantia de fecundação da fêmea, o acasalamento pode ser repetido uma hora depois, quando não for realizado normalmente, ou 24 a 48 horas depois, para maior garantia de obter uma gestação.

Nos cães, a cópula dura, geralmente, 15 minutos contados a partir da penetração do pênis, até que o casal se separe, normalmente, embora possa levar 30 minutos ou até mais tempo.

Quando o dono de uma cadela "contrata" um padreador para cobri-la, considera o serviço satisfatório, quando os animais ficam "juntos" ou "engatados", pelo menos, durante 15 minutos. A ejaculação do cão é feita lentamente e em gotas.

Devemos chamar a atenção para um aspecto muito importante do acasalamento dos cães, ou seja: o pênis do cão, ao penetrar na vagina da cadela, ainda se encontra um tanto flácido, mais ou menos "mole". Logo, porém, que fica em seu interior, ele entra em ereção total, ficando intumescido e rígido ("duro").

O pênis do cão possui duas protuberâncias ("bolas"), uma de cada lado. Quando ele penetra na vagina da cadela, essas protuberâncias, ainda "moles", vão se ajustando e passam pelos ossos pélvicos. Quando, no entanto, já dentro da vagina da fêmea, o pênis entra em ereção total, elas aumentam de tamanho e se tornam duras. É por isso que o pênis não pode sair, ficando os animais presos um ao outro.

Somente depois que a ereção vai diminuindo e cessa, ficando o pênis e as "bolas" mais moles e menores é que o pênis pode sair, permitindo que o casal se separe. Por esse motivo, quando o macho e a fêmea estiverem unidos ou "engatados" (na linguagem popular) devem ser deixados bem sossegados porque, se forem incomodados ou espantados, podem se movimentar ou até correr, tentando se separar antes do tempo, o que provoca dores, sofrimentos, ferimentos graves e até fraturas, tanto nos machos que podem ter o osso peniano fraturado, quanto nas fêmeas, com ruptura da bacia.

Quando tomamos os cuidados necessários, o acasalamento se realiza normalmente, sem nenhum problema, pois é um ato natural na reprodução dos cães. Quando, no entanto, os cães são molestados, principalmente quando estão unidos, esse ato natural pode se transformar em um verdadeiro acidente na vida desses animais.

Outro cuidado importante é não deixar o macho e a fêmea juntos, por vários dias, mesmo quando a cadela no cio, porque não é necessário para a fecundação e só causará cansaço e esgotamento desnecessários à fêmea e principalmente o macho.

15.9 Cuidados após o acasalamento

O primeiro e mais importante cuidado que o criador deve tomar, após o acasalamento da sua cadela, é evitar que outro macho dela se aproxime, pois ele pode acasalá-la, fecundando-a também, o que lhe causaria grandes prejuízos, principalmente no caso de uma cadela de elevado padrão zootécnico, que poderia ser enxertada até por cães "vira-latas" ou cães de rua.

Depois de terminado o acasalamento e de os animais serem separados, deve ser feita a sua higiene, sendo que a da fêmea deve ser somente externa.

Como, às vezes, a cobertura falha, podemos repeti-la 2 vezes, com intervalos de 1 dia entre elas.

15.10 Antipatia sexual

Como entre os seres humanos, também entre os cães pode haver uma antipatia sexual. Existem cadelas que não aceitam um determinado macho e que, no entanto, aceitam outros que lhes sejam "apresentados". O mesmo ocorre com alguns cães que se recusam a cobrir determinada cadela, mas que cobrem outras que sejam a ele reunidas. Por esse motivo, não devemos forçar demais os acasalamentos.

15.11 Impotência sexual e fatores psíquicos

A fêmea em cio é juntada ao macho mas, às vezes, por mais que ela se esforce para ser acasalada, inclusive montando sobre o cão, este não lhe dá a mínima atenção, não sendo realizado o acasalamento.

Essa "indiferença" do macho pode não ser causada por qualquer doença orgânica, infecciosa ou parasitária, anomalias ou um desvio sexual orgânico. Pode tratar-se, porém, de um problema psíquico, bem mais comum do que possa parecer. Isso ocorre porque o animal foi desmamado muito cedo e criado na mamadeira, com todo o carinho, somente em contato com pessoas, em um apartamento, não havendo todo nenhum contato com outro animal da sua espécie. Por esse motivo, ele se integrou à espécie humana, considerando os homens como seus semelhantes, da sua espécie e por isso, perdeu todo o interesse por outros cães que ele considerava de outra espécie, inclusive fêmeas.

A causa, portanto, do fracasso desse acasalamento, foi o fator psicológico, que provocou o comportamento anormal do cão.

Fatores físicos, como doenças, má alimentação, etc., podem provocar no cão, uma impotência sexual que o impede de fazer coberturas, mesmo que a cadela esteja no cio.

15.12 Gestação, gravidez ou prenhez

É o resultado da concepção da cadela, com a fecundação dos óvulos pelos espermatozóides, formando os ovos. A gestação começa, exatamente, no momento da nidação, ou seja, no instante em que os ovos se fixam no útero e termina com a expulsão dos fetos pelo organismo da cadela e o nascimento dos cãezinhos.

A gestação significa, portanto, que a cadela tem, em seu útero, ovos que se transformam em embriões e estes em fetos. Cada feto fica alojado em uma bolsa d'água independente.

15.13 Período de gestação

O das cadelas da raça Lhasa Apso é, em média, de 60 dias, mas varia de 58 a 62 dias, principalmente de acordo com o tamanho da cadela e o número de fetos, sendo geralmente mais curto, nas cadelas menores.

15.14 Sinais de fecundação e de gestação

Não existem sintomas que indiquem, nos primeiros dias após a cobertura, se a cadela enxertou. Geralmente, são necessários de 30 a 35 dias para que as pessoas leigas, com pouca prática, possam confirmar se a cadela entrou ou não, em gestação.

Alguns sinais, no entanto, podem dar certa orientação e, entre eles, temos os seguintes:

- a cadela fica mais calma, começando a engordar e o seu andar vai se modificando;
- a conformação do seu corpo vai se alterando, principalmente a sua

barriga, que vai se esticando e aumentando;

- mais no final da gestação, no seu 2º mês, as tetas aumentam e quando espremidas, deixam sair um leite amarelo;
- os movimentos dos fetos podem ser vistos externamente, principalmente na última semana de gestação e quando a cadela está deitada de lado;
- com um estetoscópio ou até com o ouvido, podem ser ouvidas as batidas dos corações dos fetos;
- a palpação ventral, no entanto, é o método mais seguro para fazer o diagnóstico da gestação, na cadela, mas deve ser feita com todo o cuidado. Através desse método, é possível a confirmação da gestação entre o 21º e o 28º dias.

15.15 Ultra-som

A partir do 20º dia após o acasalamento, no entanto, já é possível saber, com certeza, se a cadela entrou em gestação, bastando a utilização do exame de ultra-som. Esta tecnologia passou a ser utilizada na medicina veterinária na década de 80 e vem se tornando rotina para a maioria dos criadores que, com a confirmação da gestação, podem fazer planejamentos mais precisos.

Este exame permite, também, estimar o número de filhotes, não com grande precisão, mas a informação obtida costuma ser bastante valiosa para os criadores.

A ultra-sonografia é um exame não invasivo, que não causa nenhum tipo de reação e não traz riscos à cadela nem aos seus filhotes.

15.16 Gestações anormais nas cadelas

Temos, como exemplos, as seguintes:

- gestações extra-uterinas, como as que ocorrem nas trompas, de grande risco para a vida da cadela;
- os abortos, ou seja, a expulsão dos fetos antes de estarem em condições de sobreviverem;

- formação de monstruosidades, isto é, de fetos completamente anormais.

15.17 Exercícios

Por estar grávida e principalmente por isso, a cadela deve fazer exercícios diários, pois eles estimulam sua circulação sanguínea, a sua respiração, o funcionamento dos seus intestinos, evitando a "prisão de ventre" e exercitam os seus músculos de todo o corpo, mantendo-os "em forma", o que vai ajudar e muito, nos trabalhos de parto.

Além disso, os exercícios, aliados a um alimentação controlada e não excessiva, fazem com que a cadela não engorde muito, o que também a auxiliará bastante, no parto, pois gordura excessiva dificulta muito, o nascimento dos filhotes e causa maiores sofrimentos à parturiente e aos próprios filhotes, durante o nascimento.

Naturalmente, os exercícios não devem ser excessivos e a cadela gestante não deve se cansar muito, principalmente nas últimas semanas antes da data prevista para o parto, para que ela passe por ele, descansada e relaxada, psicologicamente.

15.18 Alimentação na gestação

No primeiro mês da gestação, a cadela pode continuar a receber a mesma alimentação que recebia antes do acasalamento. Como, no entanto, durante a gestação, a cadela tem que arcar com o ônus da formação dos fetos e depois que os filhotes nascerem, tem que alimentá-los com o seu próprio leite, é muito importante que ela receba uma alimentação limpa, sadia, fresca e abundante, mas não em excesso, para que não engorde muito, bem equilibrada e composta de proteínas, carboidratos, sais minerais e vitaminas.

Entre os alimentos indicados, temos as rações balanceadas específicas para cadelas gestantes, farinhas, cereais, verduras, carnes, peixes, ovos, etc.

No segundo mês de gestação, a cadela deve receber maior quantidade de alimentos do que normalmente. Esse aumento pode ser de 20 a 30%, porque o desenvolvimento dos fetos é muito grande, nesse período, mas deve ser controlado, para evitar o excesso de alimentos, para que a cadela não engorde muito, o que dificultaria o parto. É aconselhável, também, que ela receba, diariamente, um complexo de vitaminas e sais minerais e que disponha de água fresca, limpa e à vontade, principalmente nos seus períodos de gestação e de lactação. Uma alimentação defeituosa e deficiente ou a falta de água, podem causar uma série de problemas para a cadela gestante.

Caso seja observado algum distúrbio durante a gestação da cadela como, por exemplo, perda de apetite, tristeza, abatimento, excitação, febre ou corrimento vaginal com ou sem sangue, ela deve ser levada, imediatamente, ao médico veterinário, para que o problema possa ser diagnosticado com segurança e controlado o mais rapidamente possível, pois disso pode depender o sucesso da gestação ou a ocorrência de um aborto.

15.19 Falsa gestação

Pode acontecer a uma cadela no cio, que seja colocada com um macho e que seja coberta por ele, normalmente.

A cadela começa, logo depois, a apresentar sintomas de gestação: fica mais calma. Começa a engordar, o seu ventre vai aumentando de volume, suas mamas aumentam e quando as tetas são espremidas, sai delas um leite.

Passam mais de 60 dias e a cadela não entra em trabalhos de parto, não tendo os tão esperados filhotes. Começa, então, a emagrecer e volta a seu estado normal.

O que ocorreu, realmente, foi uma falsa gestação ou pseudo-gestação, também chamada gestação psicológica, porque a cadela, havendo sido acasalada por um macho estéril ou até por montar sobre o macho ou mesmo sobre uma outra cadela ou ser por ela montada, entrou em orgasmo, o que desencadeou o seu mecanismo da reprodução, fazendo com que ela "pensasse" que estivesse grávida e por isso, apresentasse todos os sintomas de uma gestação verdadeira. Quando isso ocorre, a única providência a ser tomada é esperar um novo cio, para que a cadela seja acasalada novamente.

Pode ocorrer, também, que uma cadela seja acasalada pelo macho e entre em gestação, normalmente, mas que os embriões morram, interrompendo essa gestação. Por esse motivo e apesar de a cadela não mais estar em gestação, sua mente ainda está condicionada a este estado e por isso, ela continua apresentando todos os seus sintomas externos: trata-se, portanto, de uma falsa ou pseudo-gestação, como as mencionadas anteriormente, mas por outras causas. Seus sintomas persistem até à época do parto, que não acontece e desaparecem logo, voltando a cadela ao seu estado normal.

Várias podem ser as causas da morte dos embriões como, por exemplo, os fatores letais hereditários, que podem aparecer devido à consangüinidade, principalmente estreita, entre parentes próximos; intoxicações; determinadas doenças, etc.

15.20 O leite e a falsa gestação

A cadela que está em falsa gestação, quando chega à época do parto, começa a ficar com as mamas e as tetas maiores, túrgidas e a produzir leite em maior ou menor quantidade. Compressas de panos quentes e massagens podem diminuir as dores que a cadela sente quando fica com as mamas muito cheias. Nesses casos, é melhor tirar um pouco de leite para aliviar a tensão nas mamas e o sofrimento da cadela, embora essas "tiradas" possam aumentar a sua produção leiteira.

A cadela em falsa gestação pode, até, ser aproveitada como ama-de-leite para filhotes excedentes de outra cadela ou órfãos.

15.21 Ventre sujo ou cadela "estragada" (telegonia)

Algumas pessoas acreditam que, quando uma cadela pura, de uma raça, é coberta por um macho de outra raça ou um "vira-lata", fica "estragada" ou com o "ventre sujo" e que, mesmo que no cio seguinte seja acasalada com um ótimo cão da sua raça, não dará bons filhotes. Isso está totalmente errado, pois uma gestação, sob o aspecto do fator hereditário ou genético, nada tem a ver com as gestações anteriores ou nada terá com as gestações seguintes e vamos explicar porque.

Quando uma cadela entra no cio, produz certo número de óvulos maduros, que são lançados dos ovários para as trompas, onde alguns deles são fecundados pelos espermatozóides ejaculados pelo macho, transformando-se em ovos férteis que, das trompas vão para o útero, no qual se fixam, iniciando-se a gestação.

Os óvulos que não foram fecundados e os espermatozóides que "sobraram", morrem dentro de algumas horas.

Assim sendo, a cadela fica livre de todo e qualquer elemento masculino ou feminino, ou seja, os espermatozóides e os óvulos, que poderiam inferir em uma nova gestação. A cadela fica, portanto, totalmente "limpa", sem possibilidade alguma, desse macho que a acasalou, influir em uma segunda gestação, pois não há condições de seus espermatozóides sobreviverem no interior da cadela, por vários meses ou de os óvulos por eles fecundados se conservarem, também, até uma nova gestação.

Como é através dos espermatozóides, pelos cromossomos que eles possuem, que o macho transmite suas características aos seus descendentes (filhotes), se na gestação seguinte não mais existem espermatozóides do macho que fez a cobertura anterior, é impossível que ele influa em uma nova gestação que a cadela teria, no mínimo, 6 meses depois.

15.22 Aborto

É a expulsão dos fetos antes de eles completarem o seu desenvolvimento no útero da cadela. Embora não seja muito comum, as cadelas podem abortar: é o aborto natural.

Várias, no entanto, são as causas que podem provocar o aborto nas cadelas, destacando-se, entre elas:

- quedas;
- traumas ou "pancadas";

- diversas doenças;
- calor excessivo;
- fêmeas acasaladas com machos com blenorragia;
- sustos provocados por barulhos súbitos como tiros, gritos, explosões, etc.;
- presença de animais estranhos;
- cadelas muito novas;
- acasalamentos com machos muito novos;
- intoxicações alimentares ou medicamentosas;
- envenenamentos;
- constipação (prisão de ventre) por defeitos de alimentação, como o abuso de grãos e farelos;
- alimentação defeituosa ou má qualidade dos alimentos;
- gordura excessiva.

Quando uma cadela aborta, dever ser isolada dos outros cães e levada, o mais rapidamente possível, a um médico veterinário, para exame e diagnóstico da causa do aborto.

Temos, também, o aborto provocado, quando o proprietário da cadela não quer que ela tenha a ninhada, geralmente, porque ela foi coberta contra a sua vontade, por um cão defeituoso, de outra raça ou por um animal mestiço.

Quando isso ocorrer, a cadela deve ser levada logo ao médico veterinário pois, quanto mais cedo for provocado o aborto, menos sofrimento e danos causará à cadela. O ideal é provocá-lo até 2 dias após a cobertura, pois ainda será possível impedir a nidação, isto é, que o óvulo já fecundado, ou seja, o ovo, se fixe no útero. Dessa maneira, nem se inicia a gestação.

Mesmo depois desse prazo, é possível interromper uma gestação mas, o melhor, para a saúde da cadela, é deixar que ela tenha, normalmente, os seus filhotes.

Naya – Fêmea – 30 meses – Cuccioli Kennel – Prop. Thatiana Augusto

Capítulo 16

Lactação e desmama

Os cães, como são mamíferos, até certa idade, se alimentam somente com o leite produzido pela cadela. Por esse motivo, a sua vida, a sua saúde, o seu desenvolvimento e a sua precocidade dependem da quantidade e da qualidade do leite que ela produz.

16.1 O primeiro leite e o colostro

A cadela já pode amamentar os seus filhotes, logo após terminar o parto, porque as suas glândulas mamárias começam a produzir leite. Esse primeiro leite é um pouco mais grosso do que o leite normal, porque contém o colostro, em cuja composição entram substâncias ricas em proteínas, sais minerais, vitaminas, anticorpos contra diversas doenças, etc. Além disso, o colostro tem um efeito laxativo, que faz os filhotes recém-nascidos evacuarem o mecônio, que é uma substância pastosa e amarela, deixando os seus intestinos livres dessa substância que os manteve "cheios", durante toda a sua vida de feto, mas que deve ser eliminada logo após o seu nascimento.

A composição do leite da cadela é a seguinte: proteínas, 7,4%; cálcio, 0,45%; fósforo, 0,51% e cinzas, 1,33%, o que o torna muito rico, fazendo com que, em apenas 9 dias, os filhotes dobrem o peso que tinham ao nascer.

16.2 Lactação

Começa com a primeira mamada que os filhotes fazem logo após o nascimento e termina com a desmama, quando a cadela não mais produz leite e eles, portanto, não são mais por ela alimentados. É o período mais importante da sua vida.

Enquanto os filhotes estão mamando e só se alimentam com o leite materno, e antes, portanto, de ingerirem outros alimentos, todas as suas funções orgânicas, exceto respirar, dependem, exclusivamente da cadela, como acontecia quando eles ainda eram fetos, vivendo no seu útero.

16.3 Produção de leite

Com o estímulo do parto, as glândulas mamárias da cadela entram em atividade e iniciam a produção de leite, para que ela alimente os seus filhotes, logo após o nascimento. A quantidade de leite é limitada pela capacidade leiteira da cadela. Naturalmente, outros fatores influem na sua produção e temos, entre eles, alimentação, condições ambientais, temperatura, estresse, manejo, doenças, etc. As cadelas de 1ª cria, em geral, produzem menos leite do que nos partos seguintes.

A composição e a qualidade do leite da cadela também podem variar, de acordo com diversos fatores, como saúde, estresse, cansaço, alimentação, principalmente antes e durante a sua produção leiteira, etc. Por esses motivos é que, durante os períodos de gestação e de lactação, devemos proporcionar à cadela, uma alimentação adequada, farta, sadia, fresca, saudável, nutritiva, bem equilibrada e cuja quantidade seja suficiente para que a cadela ingira, em doses satisfatórias, todos os elementos nutritivos necessários para a sua produção leiteira e também, para compensar o desgaste físico que ela sofre, causado pela gestação seguida pela lactação. Por isso, devemos dar à cadela, de 3 a 5 refeições ao dia e água limpa, fresca, de preferência potável e à vontade.

16.4 Período de lactação

Embora esse importante período possa variar, as cadelas devem produzir leite para amamentar os seus filhotes, no mínimo, durante 30 à 35 dias. Devemos, por isso, verificar se a cadela, desde a primeira mamada, produz uma quantidade de leite suficiente para alimentar os filhotes.

Quando a cadela é má leiteira ou a sua ninhada é muito numerosa, devemos tomar as providências necessárias, imediatamente, transferindo os filhotes excedentes, para outras cadelas ou suplementando a sua alimentação com mamadeiras.

Os próprios filhotes reclamam quando não são bem alimentados e estão com fome, pois ficam "chorando" e "resmungando".

É preciso que não falte, nunca, leite para os filhotes, especialmente nos seus 3 primeiros dias de vida, porque é nesse período que ele contém o colostro. Devemos, por isso, controlar a produção leiteira da cadela, evitando possíveis prejuízos para o criador quando os filhotes, por não se alimentarem, não se desenvolvem, emagrecem e ficam fracos, chegando a morrer de inanição, quando a cadela não os amamenta e até os enjeita.

O filhote menor ou mais fraco da ninhada deve ser colocado para mamar na cadela, de 2 em 2 horas, para que se alimente melhor e se desenvolva bem, podendo assim, competir com os seus irmãos maiores.

Mesmo quando a cadela é boa leiteira, a sua produção de leite pode baixar, por várias razões, entre as quais: falta de água suficiente para ela beber normalmente, alimentação defeituosa, inadequada ou deficiente em qualidade ou quantidade, ninhada muito numerosa, desmama precoce, falta de higiene, doenças, etc.

As cadelas em lactação não devem tomar determinados medicamentos, vermífugos, desinfetantes, inseticidas, etc., porque eles passam para o seu leite e o contaminam, podendo intoxicar e até matar os filhotes.

Ninhada com 10 dias e mãe (amamentando)

Ninhada com 10 dias

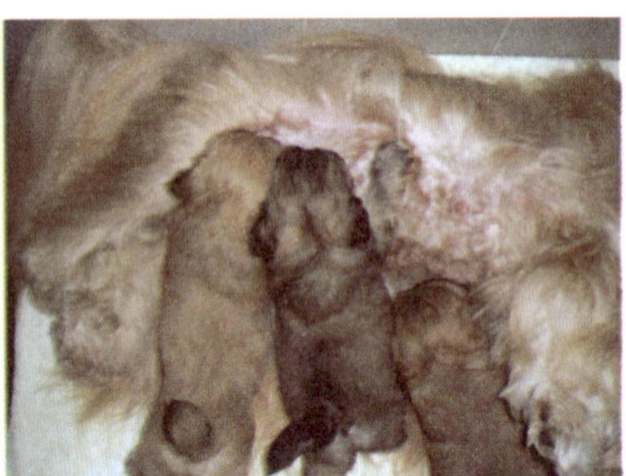

Ninhada com 20 dias (amamentando)

Ninhada com 35 dias

16.5 As mamadas

Os filhotes devem ser alimentados, nos seus primeiros dias de vida, de 3 em 3 horas, passando depois, de 4 em 4 horas ou de 5 em 5 horas. Esse esquema significa 40 a 60 mamadas por dia e 1200 a 1300 mamadas por mês, exigindo, não há dúvida, um esforço muito grande da cadela, para alimentar a sua ninhada, desde o nascimento até à desmama.

16.6 Cuidados durante o período de lactação

Durante esse período, é indispensável que, todos os dias, as mamas e tetas da cadela sejam examinadas, para que seja verificado se elas estão normais, não apresentando nenhum problema, ou para que sejam tratadas quando necessário. Esse exame é importante, porque os filhotes podem arranhá-las ou feri-las com as suas afiadas e numerosas unhas, causando traumatismos, ferimentos, abscessos, infecções, mamites e até a sua perda.

Esses problemas, além de tudo, provocam dores, às vezes muito fortes ou intensas, trazendo grandes sofrimentos para a cadela.

Quando estão com 10 a15 dias de idade, os filhotes já possuem dentinhos finos e pontiagudos que, não só irritam as mamas e tetas, mas que as podem, também, ferir, provocando os mesmos problemas que as unhas. Portanto, para amamentar os seus filhotes, a cadela pode sentir muitas dores e sofrer bastante o que, às vezes, a faz evitar que eles mamem e, quando as dores são muito fortes ela acaba não deixando que eles o façam.

Para diminuir ou evitar esses problemas, devemos cortar as unhas dos filhotes, desde a sua primeira semana de vida, para mantê-las sempre aparadas e bem curtas.

Se as mamas ou tetas começarem a ficar muito vermelhas, devemos aplicar compressas quentes sobre elas e fazer massagens para que desinchem, desinflamem e voltem ao normal, o que alivia e faz passar as dores que a cadela sente e que, muitas vezes são bastante fortes.

16.7 Alimentação suplementar

Quando a ninhada é muito grande ou a cadela produz pouco leite, os filhotes devem receber uma alimentação suplementar, para que fiquem bem alimentados. Para isso, devemos dar-lhes 2, 3 ou mais mamadeiras, ao dia, além de mamarem na cadela.

Podemos, também, quando os filhotes estão com 25 dias de idade, ajudar na sua alimentação, dando-lhes 1 gema de ovo crua, para 100 gramas de leite de vaca.

16.8 Receitas para mamadeiras

Entre diversas, podemos indicar a seguinte:

- leite – 1 litro;
- leite em pó – 1 xícara;
- creme de arroz – 1 xícara de chá;
- ovos – 1 ou 2 gemas;
- glicose – 1 colher das de sopa;
- um produto à base de cálcio e de fósforo, de uso oral – 1 colher das de sopa;
- geléia de mocotó ou gelatina em pó – 1 colher das de café;
- maisena – 1 colher das de sopa.

Podemos dar essa mamadeira aos filhotes, nas seguintes situações:

1. quando a cadela não produz leite suficiente para alimentá-los, porque sua produção é pequena ou porque a ninhada é muito grande;
2. para filhotes órfãos;
3. quando o criador não consegue uma cadela para amamentar os filhotes excedentes de ninhadas numerosas ou que ficaram órfãos.

As mamadeiras podem ser feitas, também, com leites em pó específicos para cães em fase de lactação. Esse tipo de leite pode ser encontrado nas boas lojas do ramo e é, provavelmente, a melhor e mais nutritiva opção para os filhotes que não tenham à sua disposição, o leite materno ou de outra cadela.

Quando estão com 3 semanas de idade, os filhotes devem largar a mamadeira e aprender a comer em um comedouro. Devemos, então, colocar na sua mamadeira, para engrossá-la, uma quantidade maior de maisena, além de substituir o creme de arroz, por arroz em grão, cozido na água e com um pouco de tempero. Ao atingirem 30 a 35 dias de idade vamos, aos poucos, incluindo carne crua moída ou bem picada, na sua alimentação.

Para sabermos se os filhotes estão recebendo a quantidade certa, de carne, é muito fácil, bastando examinarmos as suas fezes: se nelas encontrarmos pedaços de carne, isso significa que eles ainda não a estão digerindo bem. Quando isso acontecer, devemos diminuir a sua quantidade, durante alguns dias, mas a vamos aumentando, depois, mas aos poucos. Devemos, também, nessa época, começar a lhes fornecer algum legume como, por exemplo, cenoura ralada, e continuar a administrar-lhes, diariamente, nas refeições, sais minerais e vitaminas.

Não devemos dar, aos filhotes: gorduras, carne de porco, salames, açúcar, doces, sorvetes, frutas frescas, pão fresco, farináceos, feijões, ervilhas, brócolis, etc., porque lhes podem fazer mal.

Os filhotes desmamados devem receber 4 refeições ao dia, passando depois, a 3. Os cães adultos podem ser alimentados 2 vezes ou somente 1 vez ao dia. As refeições devem ser dadas, de preferência mornas. Sua composição deve variar, para melhor satisfazer o gosto ou apetite dos cães.

Além da alimentação com "comida caseira", os filhotes podem ser alimentados com rações balanceadas comerciais, especialmente produzidas para filhotes e que podem ser encontradas em diversas "versões", específicas para cada raça e tamanho do filhote.

Este tipo de alimentação é ainda mais indicado do que a "comida caseira", desde que seja de uma marca conceituada e que contenha todos os nutrientes necessários para o filhote, nesta fase de seu desenvolvimento.

16.9 Desmama

A cadela deixa os filhotes mamarem à vontade, normalmente, só até, mais ou menos, 30 dias de idade pois, já na sua 4ª semana de vida, ela passa a controlar as mamadas, diminuindo a sua freqüência e chegando a evitar, ao máximo, que eles mamem, começando assim, a desmama natural. Os filhotes passam, então, a se interessar por outros alimentos.

Nessa época, a cadela vomita os alimentos já por ela digeridos, para que eles aprendam a comer alimentos sólidos. Desse modo, é a própria cadela que nos ensina que os filhotes, com 1 mês de idade ou um pouco menos, já podem receber outros alimentos, além do leite, para que sejam desmamados, gradativamente e não sintam quando forem dela separados.

Com mais ou menos 7 semanas de idade, os filhotes ficam independentes, porque não precisam mais da cadela, para se alimentarem podendo, portanto, ser desmamados com 45 dias de idade, voltando a cadela à sua dieta normal.

Quando os filhotes são bem alimentados, com 9 dias de idade já atingem o dobro do peso que possuíam ao nascer e, com mais ou menos 3 semanas de idade, seu peso já é 4 vezes maior do que quando nasceram.

Não devemos desmamar todos os filhotes de uma só vez porque, não os tendo para sugar o seu leite, a cadela fica com as mamas cheias, o que pode lhe causar muitas dores, grandes sofrimentos, inflamações, abscessos, mamites, etc., além da perda de mamas e de tetas.

Devemos, como rotina, dar um vermífugo aos filhotes, quando eles, estiverem com 8 semanas de idade, para que eliminem os vermes que os infestam, logo depois que nascem, mesmo que não apresentem sintomas de verminose (barriga grande ou esticada e fezes coloridas, magreza, etc.).

Quando o filhote desmama, deve receber um prato individual, só para ele e pelos seguintes motivos:

1. ele passa a comer somente no seu prato, o que facilita o seu treinamento, mais tarde, para não comer comida achada ou oferecida por estranhos;

2. ele fica menos sujeito a contrair doenças transmitidas por alimentos impróprios e até envenenados, propositalmente ou não;
3. não há competição entre os filhotes, pela comida, como acontece quando todos eles comem em um só prato, ao mesmo tempo, pois os maiores e mais fortes comem, também, a comida dos menores e mais fracos que, se alimentando menos, têm o seu crescimento, o seu desenvolvimento e a sua saúde prejudicados;
4. quando são vendidos e vão para as suas novas casas, levam o seu prato, o que facilita a sua adaptação ao novo ambiente, pois continuam se alimentando bem, porque já estão acostumados a comer no seu próprio prato, o que os estimula a se alimentarem.

Quando um filhote fica choramingando, irritado, nervoso e agoniado, isso pode ser um sinal de que ele está com fome ou com dor de barriga (cólica) provocada, em geral, por vermes intestinais.

16.10 Alimentação artificial

Após a desmama, a alimentação dos filhotes deve ser feita com leite de vaca, mingaus, sopas de legumes e arroz com carne crua moída ou picada (1 colher das de chá). A carne pode ser aumentada até 1 xícara, 2 vezes ao dia, quando os filhotes estão com 3 semanas de idade. Eles podem ser alimentados, também, com rações comerciais para filhotes.

Os cães podem receber, durante toda a sua vida, como alimentação, arroz com carne moída ou picada e cenoura ou outro legume, cozidos na água com sal e algum tempero como alho, cebola, salsinha, etc. Devem receber, também, vitaminas e sais minerais.

Os filhotes devem ser alimentados, o que é importante, sempre no mesmo horário e no mesmo prato, colocado sempre, no mesmo local e sobre um suporte especial ou mesmo um caixotinho, para que fique elevado e não diretamente sobre o chão.

16.11 Leite no prato

Alimentar os filhotes em mamadeiras é muito fácil, porque basta encostar o bico na sua boca e eles sentirem o cheiro do leite, para que comecem logo a mamar, como nas tetas da cadela. Quando porém, os seus alimentos como leite, mingaus, etc. são colocados em pratos ou em comedouros, é necessário ensiná-los a comer e a beber, nesses recipientes. Basta, para isso:

1. colocar o leite ou mingau, em um comedouro fundo;
2. pegar uma colher pequena, "sujá-la" no alimento e encostá-la na boca do filhote, porque ele, sentindo o gosto do alimento como o leite, por exemplo, começa logo a lambê-la e a chupá-la;
3. colocar o filhote bem junto ao comedouro, molhar novamente, a colher no leite e encostá-la outra vez, no seu focinho, pois logo que sentir o seu cheiro, começa a lambê-lo;
4. vamos, então, baixando a colher, até o filhote encostar a boca na superfície do leite porque, logo que isso acontece, ele passa a lamber e a beber o leite;
5. se o filhote não começar a beber o leite, devemos repetir a operação porque, da segunda vez, ele o fará.

Outro método para ensinar o filhote a beber leite, no comedouro, é o seguinte:

1. lavamos as mãos e as enxugamos bem;
2. molhamos um dedo no leite do prato e deixamos o filhote lambê-lo;
3. molhamos outra vez, o dedo no leite e enquanto o filhote o está lambendo, nós o baixamos pois, logo que sentir o cheiro do leite passa a lambê-lo, acostumando-se, assim, a beber ou a comer todo alimento que for colocado no seu prato.

16.12 Baias para alimentação dos filhotes

Cada filhote, como já o mencionamos, deve ter o seu próprio prato, comendo somente nele e nunca nos pratos de outros cães. É necessário, no entanto, que sejam treinados para isso, o que exige algum trabalho.

Para facilitar e diminuir bastante esse trabalho, podemos empregar baias especiais, ou seja, pequenos compartimentos dispostos em série, aos lados uns dos outros, sendo colocados em cada baia, um filhote e o seu prato.

As baias são separadas por divisões de plástico, vidro, grade, tela, ripas de madeira ou de outros materiais, desde que permitam aos filhotes ver os seus vizinhos mas, o que é importante, não possam ter acesso aos seus pratos. Dessa maneira, em pouco tempo, os filhotes se acostumam a comer somente em seu próprio prato, mesmo que estejam soltos, fora das suas baias, não tentando comer a comida nos pratos dos outros cães.

Essas baias podem ser usadas para cães de todos os tamanhos e idades, de filhotes ainda mamando, a cães adultos, porque podemos nelas colocar, não somente comedouros, mas também bicos de mamadeira, para filhotes que ainda estão mamando.

16.13 Surdez

Todos os filhotes nascem surdos mas, alguns dias depois, passam a ouvir normalmente. Em uma ninhada, no entanto, algum filhote pode nascer realmente surdo, não escutando os sons normais como gritos, assobios, os chamados das pessoas, barulhos de carros, de portas, de janelas, etc.

Ele é sempre o último a sair do ninho para se alimentar, fazer as suas necessidades ou só para passear, porque acompanha os seus irmãos que saem assim que ouvem o chamado do seu dono. Quando o cão é surdo, não faz, também, o gesto que todos os cães fazem instintivamente, mesmo quando ainda são filhotes, ao ouvir um chamado ou um som desconhecido para ele, levantando, imediatamente, a cabeça e as orelhas e as virando na direção do barulho, para identificá-lo. Por esse motivo devemos, normalmente, controlar o comportamento dos filhotes que são sempre os últimos a saírem do ninho e os suspeitos de não escutarem bem.

Quando houver suspeita de surdez, o filhote deve ser submetido a testes para verificar a sua capacidade auditiva, ou seja, se ele é surdo ou o grau da sua surdez. Esse teste é muito simples, pois basta chamarmos o filhote, assobiarmos, fazermos barulho batendo com um objeto em uma vasilha qualquer, etc., mas fazendo sons diferentes. Com esse procedimento, podemos chegar às seguintes conclusões:

1. o filhote ouve normalmente;
2. ele não escuta muito bem e qual é o seu grau de surdez e
3. ele é realmente, surdo.

O cão que tiver algum problema de audição ou que for surdo, deve ser descartado, não entrando para a reprodução e nem vendido ou trocado, para evitar problemas para o seu criador ou para quem o adquiriu.

16.14 Como cuidar das unhas dos filhotes

Quando atingem mais ou menos 1 semana de idade, os filhotes começam a se movimentar pelo ninho passando, inclusive, uns sobre os outros e sobre a cadela. Por esse motivo, suas unhas devem ser cortadas, para que não arranhem a cadela ou nela provoquem ferimentos, o que a deixa bastante nervosa e irritada. Além disso, cortar as unhas dos filhotes evita que eles fiquem se arranhando, o que pode produzir neles, arranhões, ferimentos, infecções, etc.

Se não cortarmos as unhas dos filhotes, elas podem se transformar em um problema sério para a cadela, porque são numerosas e ficam grandes, afiadas e pontudas, podendo causar ferimentos e infecções, às vezes graves, nas suas tetas e mamas, provocando até a sua perda, o que prejudica a sua produção leiteira e a desvaloriza como reprodutora.

As tetas e mamas da cadela podem ficar muito doloridas e, às vezes, ela sente dores muito fortes, principalmente porque, quando mamam, além de as sugarem e esticarem, os filhotes as empurram ou "cutucam" com o focinho e as patas, dão pancadas sobre elas e as arranham com as unhas. Como as dores que isso lhe provoca são, às vezes, muito fortes e até insuportáveis, mesmo, a cadela, muitas vezes, nem os deixa mamar. Pelos motivos expostos, as unhas dos filhotes devem ser cortadas uma vez por semana, podendo ser usados para isso, uma tesoura bem afiada ou um alicate especial para unhas. Devemos tomar muito cuidado para não cortarmos as unhas, curtas demais, para não atingirmos "o sangue", ou seja, a parte em que se localizam as artérias, veias e nervos, para evitar sangramentos, dores e prováveis infecções.

Quando os cãezinhos já saem do ninho e começam a andar e a correr em superfícies ásperas, as suas unhas crescem menos, porque se desgastam mais, ficando menos pontudas e mais curtas.

16.15 Banheiro para os filhotes

Os cãezinhos, normalmente, defecam logo depois que terminam cada refeição, o que é um fenômeno normal, porque a entrada de alimentos, no seu estômago, estimula o funcionamento dos seus intestinos. Devemos, por isso, destinar um local especial para eles fazerem as suas necessidades, e o mais perto possível dos seus pratos de comida ou do seu ninho. Basta depois, levá-los ao "banheiro", logo que acabam de comer, para que eles se acostumem a fazer aí, as suas necessidades pois, em pouco tempo, eles já vão sozinhos a ele, o que facilita muito, a limpeza da área por eles usada, dentro ou fora da casa ou do canil.

As evacuações vão ficando mais espaçadas, à medida que os filhotes vão ficando mais velhos, mas ocorrem, geralmente, nas mesmas horas. Como os adultos recebem refeições 1 ou 2 vezes ao dia, isso facilita muito, os trabalhos de limpeza ou de levá-los "para passear", ou seja, para fazer as suas necessidades na rua, o que já sofre sérias restrições, devido às proibições e multas impostas por serviços sanitários de muitas prefeituras, quando o cão "suja" na rua.

Importante é que mesmo em casas ou apartamento, podemos colocar um tabuleiro com jornais, papéis ou areia no fundo e também um desinfetante, para servir de banheiro para os cães.

You Make me Feel (Mike) – Macho – Campeão Brasileiro – Campeão Pan-Americano – Cuccioli Kennel – São Bernardo do Campo/SP

IMPRESSÃO E ACABAMENTO
YANGRAF
GRÁFICA E EDITORA LTDA.
WWW.YANGRAF.COM.BR
(11) 2095-7722